教育部人文社会科学研究青年基金项目：
合约实施效率、双层银行监督与中小企业融资约束（17YJC790172
云南省哲学社会科学规划项目：
云南跨境经济合作区中小企业的融资约束问题研究（QN2017006）

银行监督对企业融资约束的影响研究

——基于合约不完全实施视角

夏梓祥　郭秋平　彭　浩　著

科学出版社

北　京

内 容 简 介

　　本书构建了包含合约制度、银行监督与企业融资约束的最优化模型，深入探讨了合约制度、银行监督和企业融资约束间的关系，并对理论模型得出的结论加以实证检验。本书主要从银行监督与企业的信贷可得性以及银行监督与企业的借款能力两方面探讨了合约制度对企业融资约束的影响，以及不同合约制度下银行监督对企业融资约束的影响。主要内容包含合约制度与融资约束、企业的信贷可得性与融资约束、企业的借款能力与融资约束、银行的监督效应及实证研究几方面。研究结论显示：我国企业普遍面临着较为严重的融资约束问题，而银行监督能有效缓解企业的融资约束；合约制度越好，企业面临的融资约束越小，而且银行监督对于缓解企业融资约束所起的作用也越小。

　　本书适合金融理论研究人员及政策研究人员、银行从业人员及中小企业决策人员、经济工作者及高校相关专业师生阅读。

图书在版编目(CIP)数据

银行监督对企业融资约束的影响研究：基于合约不完全实施视角 / 夏梓祥，郭秋平，彭浩著. — 北京：科学出版社，2020.8
　ISBN 978-7-03-065702-2

Ⅰ.①银…　Ⅱ.①夏…　②郭…　③彭…　Ⅲ.①银行监管-影响-企业融资-研究-中国　Ⅳ.①F275.1

中国版本图书馆 CIP 数据核字（2020）第 128144 号

责任编辑：华宗琪　朱小刚 / 责任校对：彭　映
责任印制：罗　科 / 封面设计：墨创文化

科学出版社 出版

北京东黄城根北街16号
邮政编码：100717
http://www.sciencep.com

四川煤田地质制图印刷厂 印刷

科学出版社发行　各地新华书店经销

＊

2020 年 8 月第 一 版　　开本：B5（720×1000）
2020 年 8 月第一次印刷　印张：7 3/4
字数：150 000

定价：**69.00** 元
（如有印装质量问题，我社负责调换）

前　　言

　　融资约束是发展中国家普遍存在的问题。我国目前处于转轨经济阶段，就中国经济发展而言，融资约束问题已成为制约经济转型与升级的重要瓶颈，如何有效缓解企业的融资约束成为理论界和学术界关注的热点问题之一。由于我国的企业融资主要依赖于银行贷款。银行的监督功能可以降低借贷双方的信息非对称程度和代理成本，从而缓解企业的融资约束问题。然而，与西方成熟的市场经济不同，我国企业面临着转型经济下特殊的制度性约束，因此，对银行监督与企业融资约束的研究必须考虑中国特定的合约制度背景。

　　本书综合运用新制度经济学、法与金融、不完全契约理论及博弈论等知识，构建了包含合约制度、银行监督与企业融资约束的最优化模型，深入探讨了合约制度、银行监督和企业融资约束的关系，并对理论模型得出的结论进行了实证检验。本书主要从银行监督与企业的信贷可得性及银行监督与企业的借款能力两个方面探讨了合约制度对企业融资约束的影响，以及不同合约制度下银行监督对企业融资约束的影响。主要内容和观点如下。

　　(1)合约制度与融资约束方面。当合约不完全实施时，企业家为获得外部融资必须向外部投资者做出巨大的让步，且企业家的资金实力越弱，向投资者做出的让步越大；对于资金实力相同的企业家，合约制度变好可以减少企业家向投资者做出的让步。从企业家做出投资决策之前的事前阶段来看，差的合约制度将对资金实力处于中间水平的企业家产生逐出效应，因此，合约制度由差变好对资金实力非常薄弱或资金实力雄厚的企业家没有任何影响，而对资金实力较弱的企业家来说，好的合约制度使其更容易获得银行信贷，降低其融资约束，从而获得正效应。不考虑银行监督时，企业家的借款能力随着合约制度变好而提高，其面临的融资约束随着合约制度变好而下降；当合约制度好到一定程度以后，企业家的借款能力与合约制度无关，此时合约制度不影响企业的融资约束。

　　(2)企业的信贷可得性与融资约束方面。在相同的合约制度下，与无监督融资相比，银行监督有利于资金实力弱的企业家获得融资，从而缓解企业的融资约束问题，而且银行的监督力度越大，企业的融资约束越小。若合约制度差，则除资金实力非常强的企业家外，其余企业家将很难获得无监督融资，所有企业家都将无法获得银行监督融资，此时企业面临的融资约束问题最大。随着合约制度变好，企业家获得银行信贷的可能性大幅提高，融资约束问题逐渐降低，当合约制度增强到一定程度后，企业家的融资及福利均与合约制度无关。

(3)企业的借款能力与融资约束方面。在合约制度不差的情况下，银行的监督力度越大，企业家的借款能力越强，企业的融资约束问题越小。当合约制度差时，银行监督反而会减小企业家的借款能力并降低其福利，此时企业家更倾向于无监督融资；若合约制度特别差，银行监督将使企业家丧失借款能力，从而使企业面临严重的融资约束问题。当合约制度好到一定程度后，与无监督融资相比，银行监督能增强企业家的借款能力，从而缓解企业的融资约束问题，企业家效用也大幅增大。

(4)银行的监督效应方面。当合约制度好时，银行监督对缓解企业融资约束问题所起的作用不受合约制度的影响；当合约制度处于中间状态时，银行监督对缓解企业融资约束问题所起的作用随着合约制度变好而减弱。

(5)实证研究方面。本书的实证检验结果与理论研究结论基本一致，具体如下：我国企业普遍面临着较为严重的融资约束，而银行监督能有效缓解企业的融资约束问题；合约制度越好，企业面临的融资约束问题越小，而且银行监督对于缓解企业融资约束问题所起的作用也越小。

目　　录

第1章　绪　　论

1.1　问题的提出

资金是企业体内的血液，企业的生存和发展离不开充足的资金保障，当企业的自有资金不能满足其发展需求时，企业需要到金融市场上筹集资金，称之为企业融资。企业的融资渠道主要有内源融资和外源融资两种，其中外源融资主要包括股权融资和债务融资。Modigliani 和 Miller(1958)的 MM 理论认为，在完美资本市场中，企业的外源融资和内源融资可以互相替代，然而完美资本市场的假设与现实世界并不相符。Greenwald 等(1984)、Myers 和 Majluf(1984)及Myers(1984)建立了不完美市场下的融资优序理论，该理论认为，根据融资成本的高低，企业融资首选内源融资，其次为外源融资，而外源融资中债务融资优于股权融资。

Fazzari 等(1988)认为，由信息非对称及代理成本引起的内外部融资成本差距过大使企业面临严重的融资约束问题。就中国经济目前的发展而言，企业的融资约束问题已严重制约了经济转型与升级。世界银行的一份报告显示：我国有 75%的上市企业(非金融类)将融资约束问题视为企业发展最主要的障碍，这一比例占 80 个被调查国家的首位(Claessens and Tzioumis，2006)。国务院发展研究中心发布的《中国企业经营者问卷跟踪调查报告》也发现，我国大部分企业认为制约其发展的主要因素是融资约束。

企业的融资渠道不畅是融资约束产生的重要原因(饶华春，2009)，我国企业融资的主要渠道是银行贷款、资本市场融资等。自 20 世纪 90 年代我国建立股票市场以来，股权融资得到迅猛发展，但是从整体水平上看，我国企业的融资结构①并未得到根本改善，债务融资仍然是企业的主要融资途径。由于我国处于新兴加转轨的经济时期，企业债券市场不发达，企业的债务融资主要依赖于银行贷款，对于资金薄弱的企业更是如此。表 1.1 显示了我国 2009—2013 年间非金融部门的社会融资规模。从表中可以看出，人民币贷款占全年社会融资规模的比例有所下降；企业债券融资所占比例有下降趋势，股票融资继续处

---

① 融资结构是指企业的股权融资和债务融资的构成及比例关系。

于较低水平；委托贷款和信托贷款增加较多，拉动表外融资占比大幅上升。虽然近年来我国的企业债券得到一定的发展，但企业债务融资仍然以银行贷款为主。

表 1.1　非金融部门的社会融资规模　　　　　单位：亿元

时期	社会融资规模	人民币贷款	外币贷款	委托贷款	信托贷款	银行承兑汇票	企业债券	股票
2009	139104	95942	9265	6780	4364	4606	12367	3350
2010	140191	79451	4855	8748	3865	23346	11063	5786
2011	128286	74715	5712	12962	2034	10271	13658	4377
2012	157606	82035	9163	12837	12888	10498	22498	2508
2013	172904	88917	5848	25465	18448	7751	18021	2219

数据来源：2009—2013 年货币政策执行报告；社会融资规模是指一定时期内实体经济从金融体系获得的资金总额，是增量概念；外币贷款已折合为人民币。

由于银行和借款企业之间的信息非对称导致了道德风险，因此银行只有时刻关注借款企业的经营状况，才能保证自己的资金安全。当借款企业的经营出现不良情况时，银行的贷款政策可能会变得较为苛刻；如果贷款企业经营状况良好，银行的贷款政策也会相应变得宽松，银行的这一系列行动，实际上就是贷款监督的一种具体体现。Jensen 和 Meckling(1976)认为，契约关系是企业的本质，在绝大多数国家，银行与企业之间存在一种信贷契约关系，银行按照契约规定的条款及法律赋予的权力可以对企业进行监督。

由于银行等金融中介机构不但在信息收集与处理方面具有优势，而且可以解决个体投资者之间的搭便车问题，因此银行监督能够降低单个投资者与资金需求方之间的信息不对称程度。事实上，早在 1984 年，Diamond 就提出了大债权人监督的观点，他认为银行能够收集企业内部的有用信息从而解决道德风险问题，进而使成本最小化。Grossman 和 Hart(1982)、Fama(1985)、Jensen(1986)等均论述了银行作为大债权人对借款企业具有监督作用。由于单一债权人直接监督企业会产生较高的成本，而且不能避免搭便车现象发生，而银行在收集信息方面拥有总成本优势，尤其是在中国特殊的资本市场环境下，银行等具有信贷权力的金融机构所获取的信息远远多于其他中小股东(蒋琰，2009)，因此，委托银行等金融机构对贷款企业进行监督具有规模经济效应。

银行和企业之间的融资契约并不是孤立于法律、规则及金融环境之外的，通常会受到中央银行、金融监管部门的制约和相关法律的约束。借款人、投资者和其他利益相关者[①]在签订合约时所处的政策环境称之为合约制度,这种政策环境不仅包括规约借贷双方合约行为的法规,而且包括其他一些影响可保证收入和企业价值的政策变量[②]。由于公共政策本身缺乏动态一致性[③],政府本身的变化、利益集团相对力量的变化等都会导致公共政策可能发生变化,因此,合约规定的条款未必能够完全实施。融资契约的执行程度通常会受到签约时所处的制度环境、投资者对企业的监督力度等因素的影响(Demirguc-Kunt and Maksimovic,1998;Djankov et al.,2003)。North(1990)认为,企业所处的合约制度环境对企业融资发挥着重要作用。La Porta 等(1998)从国家层面上分析了各国的法律水平和金融发展之间的关系,研究结果表明,法律对投资者及债权人的保护越好,金融市场及金融中介的发展也越好。合约制度差的国家和地区,投资者的权益得不到保障,因而投资者只能提高预期收益以弥补这种损失,这无疑会增加企业的外部融资约束;好的合约制度可以使投资者的合理回报得到保障,由此降低投资者事前的预期收益。对企业来说,内外部融资成本之差缩小对缓解其融资约束问题至关重要。

由于我国正处于转轨经济时期,各地区间经济发展极不平衡,地区间市场化发育程度差异较大,不同地区政府干预程度差异明显(孙铮等,2005;江伟和李斌,2006;方军雄,2007;余明桂和潘红波,2008;刘凤委和李琦,2013)。由于政府对司法的干预较为严重,中国缺乏独立的司法体系,从而导致法律实施水平低。大量研究表明,目前我国合约制度环境发育并不完善,对投资者的保护比较弱,投资者和企业家之间的融资契约在很大程度上无法完全实施。合约不完全实施将对企业的融资约束产生何种影响?对银行监督又将产生什么影响?本书以转轨经济中合约在一定程度上不能完全实施的现实为背景,以银行监督和企业融资约束为研究对象,利用公司金融理论、契约理论、博弈论、信息经济学及计量经济学等知识,从企业的信贷可得性及借款能力两个方面来分析合约制度、银行监督与企业融资约束之间的关系,具有较强的理论意义和丰富的现实意义。

Myers 和 Majluf(1984)提出,企业面临的融资约束程度取决于其内外部融资成本差异,与信息非对称程度正相关。Bernanke 和 Gertler(1989)等进一步指出,在不完美的资本市场中,代理问题同样会使外部融资成本高于内部资金成本,并且由于融资约束的存在,企业的投资行为不但取决于投资需求,而且还取决

---

① 最典型的是企业的雇员。
② 如税收、劳动法或宏观经济政策等。
③ 一般情况下,政府愿意对未来的政策作出承诺,但到期时政府却没有遵守承诺。

于企业的内部资本。在上述理论的影响下，学者对融资约束的研究逐渐着重于企业面临的信息非对称程度及企业的代理成本。企业的融资约束取决于投融资双方之间的信息非对称程度及代理成本，如果资金供给者对企业监督的成本大于资金的机会成本，则资金供给者将不愿意向企业提供资金；即使监督成本小于资金的机会成本，资金供给者愿意提供资金，但也要求企业给予较高的回报以补偿监督成本。

Gorton 和 Winton（2002）的研究认为银行具有以下 5 种主要功能：委托监督、信息生产、消费平滑、提供流动性及承诺机制，其中最重要的功能就是委托监督。作为存款人的代表，银行必须对企业的资金使用状况进行监督，获取企业的私人信息以降低其道德风险，从而降低银行的贷款风险和监督成本，由此降低企业的外部融资成本、缓解企业的融资约束（Repullo and Suarez，2000）。Houston 等（2001）的研究结果也表明，对比债务主要来源于银行借款的公司及债务主要来源于私募的公司，前者的融资约束更小。Holmström 和 Tirole（1997）研究发现，由于监督是有成本的，因此资金实力较强的企业（即使没有监督，也有足够的可保证收入吸引投资者的企业）倾向于不受监督地获得融资；而资金实力弱的企业，为了减少投资者的不信任，不得不寻求有成本的金融中介融资以缓解融资约束问题。但是这些文献并没有考虑银行和企业签订融资契约时所处的合约制度环境对银行监督及企业融资约束的影响。

Williamson（1979）认为，规则结构和制度安排在决定经济单位的行为和效率中起着非常重要的作用，无摩擦的经济世界并不存在。由于存在信息非对称现象，政府有时不得不以某种形式对私人合约进行干预（Aghion and Hermalin，1990），Bolton 和 Rosenthal（2002）在理论方面对政府干预债务融资合约进行了分析。Acemoglu 和 Johnson（2003）给出了合约不完全实施的基础模型，最终结论是合约的弱实施将削弱企业的融资能力并增大企业的融资约束问题。目前中国正处于转轨经济阶段，存在政府控制、政府干预、无效司法系统等市场失灵因素（Peng and Heath，1996；Khanna and Palepu，1997；Tan and Peng，2003）。那么特定的合约制度环境对银行监督与企业融资约束之间的关系将产生什么样的影响呢？本书在 Holmström 和 Tirole（1997）及 Pagano 和 Roell（1998）的理论模型的基础上引入合约制度因素，综合考虑了不同合约制度下银行监督对企业融资约束的影响，使分析结论更符合我国现实。此外，本书还从理论角度分析了合约制度与银行监督在缓解企业融资约束问题中的替代作用，并利用中国上市公司数据对理论模型进行了实证检验，对现有文献做了有益补充。

资金是企业生存和发展的关键要素，而融资是企业获取资金的重要手段。

我国作为一个发展中国家，经济建设需要大量的资金做后盾，能否迅速筹措到所需资金是企业发展的关键。目前，我国经济处于投资驱动型快速增长阶段，根据《经济学家》杂志报道，2011 年中国固定资产投资指标已经超过美国，固定资产投资增速更是远远超过许多世界发达国家，然而中国企业仍然越来越感觉资金紧缺①。在转轨经济体制下，我国的企业制度不健全、金融体制不完善、证券市场发育不良等因素导致企业直接融资受阻，融资约束仍然是许多企业发展的主要障碍。企业面临的融资约束问题会对股东财富带来严重损害，因此，如何有效解决企业的融资约束问题一直是实务界和理论界关注的焦点。

我国企业的外部融资过度依赖于银行信贷，以四大国有商业银行为主的间接融资体系构成了中国的金融体系。然而，银行股权主要集中在国家手中、利率并未完全市场化、外部股权融资成本比债务融资成本低等问题一直存在。由于不良贷款呈现上升趋势，银行"惜贷"现象较为严重，大量的银行资本不能进入企业的生产领域。此外，信息非对称引起的逆向选择和道德风险使贷款银行很难监督并识别企业家的机会主义行为，因此，银行的信贷风险进一步加剧，信贷配给现象严重，致使企业的融资约束问题进一步凸显。

改革开放以来，我国银行业的市场化进程及证券市场取得了长足发展。但是，我国的证券市场和银行信贷仍然存在很多机制性问题，如由股权分置导致外部股权融资成本低于债权融资成本；股权过度集中，上市公司存在严重的内部人控制；银行业的改革滞后于现代企业制度改革，银行本身的内部控制导致信贷管理缺乏科学性及有效性等。与国外成熟的金融市场相比，我国金融市场化的发展历程及社会背景决定了我国制度环境的特殊性。虽然我国的金融市场化进程取得了举世瞩目的成就，但地区间发展不平衡又是一个不争的事实。不同的社会发展环境形成了不同的法律环境，由此导致了企业外部股东或投资者被保护程度的不同。当今快速发展的中国经济给企业带来大量的投资机会，然而，我国目前处于经济转轨时期，地区间经济发展不平衡、金融市场化发育迟缓及法治水平低下等因素将使投资者的利益得不到充分的保障，这无疑会加大企业的融资约束。对于中国这样的新兴市场，金融发展尚处于起步阶段，企业的融资约束也具有相应的特殊性(饶华春，2009)，因此对中国企业的融资约束问题进行研究必须基于中国特定的转型经济制度环境逐步展开。

合约制度不完善使企业和外部投资者之间的融资合约在一定程度上不能完全实施，对于我国这样外部融资主要依赖于银行信贷的市场经济来说，合约制度对银行监督及企业的融资约束将产生深远的影响。本书从合约制度不完善导

---

① 原文出自：http://www.economist.com/blogs/dailychart/2010/12/save_date.

致合约不完全实施视角出发，以银行监督影响企业融资的两个重要问题(企业能否获得融资、企业能获得多大的融资额)为主线，深入分析了不同合约制度下银行监督对企业融资约束的影响，得出一些合理而有用的结论，为相关部门制定政策提供理论参考，具有较强的现实意义。

1.2　研究内容

本书主要探讨了不同合约制度下银行监督与企业融资约束之间的关系。具体的研究思路如下：在经济活动中，企业家和银行等外部投资者的借贷关系不仅受双方信息非对称程度及其他不确定因素的影响，而且还受到金融市场化程度、政府干预及法治水平等合约制度环境的影响。银行监督在一定程度上能缓解企业的融资约束问题，但合约制度不完善导致的合约不能完全实施将对企业的融资约束及银行的监督效应产生重要影响，因此构建一个包含合约制度的理论及实证模型来分析银行监督与企业融资约束的关系显然更符合中国现实。

本书的研究内容分为4个部分，共6章，如图1.1所示。第一部分(第1、2章)为基础研究，主要叙述了本书的选题背景和研究意义，以及相关概念与理论基础；第二部分(第3、4章)为理论研究，建模分析了不同合约制度下银行监督对企业融资约束的影响；第三部分(第5章)为经验研究，实证检验了理论模型中关于合约制度、银行监督及融资约束的结论；第四部分(第6章)为研究结果，总结了全书的研究结论，并基于本研究存在的不足指出后续研究方向。下面对每章的研究内容做详细介绍。

第1章，绪论。首先对选题背景及研究意义做了详细叙述；然后对研究内容、研究方法及结构安排做了交代。

第2章，相关概念与理论基础。本章首先对全书的关键概念进行界定；然后从4个方面对理论基础进行整理，一是债务融资的相关研究，包含资本结构理论、委托代理理论与信息非对称理论，二是银行监督的相关研究，包括银行监督的理论基础、银行监督的控制效应及信息效应，三是企业融资约束的相关研究，四是以融资约束为主线整理了合约制度的相关研究。

第3章，银行监督与企业的信贷可得性。本章从企业家的信贷可得性入手，利用固定投资模型深入分析了不同合约制度下银行监督对企业的融资约束及企业家福利所产生的影响，并讨论了合约制度与银行监督对于提高企业家的信贷可得性、缓解企业融资约束问题的替代效应。

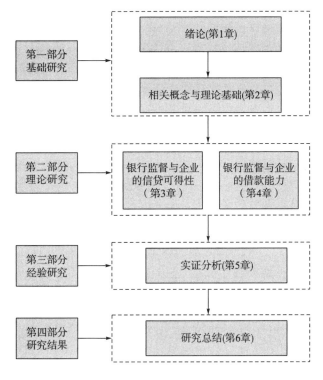

图 1.1　本书的结构安排

第 4 章，银行监督与企业的借款能力。本章从企业家的借款能力入手，利用可变投资模型深入分析了不同合约制度下银行监督对企业的融资约束及企业家福利所产生的影响，并讨论了合约制度与银行监督对于增大企业家的借款能力、缓解企业融资约束问题的替代效应。

第 5 章，实证分析。本章主要利用计量方法检验第二部分理论研究的结论，利用上市公司的面板数据对银行监督与企业融资约束之间的关系、不同合约制度下银行监督与企业融资约束之间的关系进行了实证检验，并对计量结果进行了稳健性检验，检验结果与理论分析一致。

第 6 章，研究总结。本章总结了理论研究及实证研究的结论，并结合研究中存在的一些不足之处提出了进一步研究的方向。

1.3　研　究　方　法

本书综合运用了公司金融、合同理论、博弈论、计量经济学等理论知识，采用理论研究与实证研究相结合的方法，构建了相应的理论模型和实证模型，对合约制度、银行监督与企业融资约束之间的关系进行研究。具体方法如下：

(1)文献分析与演绎推理相结合。在理论方面，本书通过综合大量文献，对文献进行梳理与归纳，掌握了合约制度、银行监督及企业融资约束的研究现状及存在的问题。在 Holmström 和 Tirole (1997) 及 Pagano 和 Roell (1998) 的研究的基础上，引入合约制度变量，构建了相关的最优化模型，以此为依据对模型进行演绎推理，利用严谨的理论推导，得出严密的结论，并将模型结论与中国实际相结合，得出一些有建设性的结论。

(2)定性分析与定量分析相结合。在实证方面，本书的研究始终采用定性与定量相结合的方法。在分析过程中，首先采用文献分析的定性分析方法，构建变量间的计量模型，再用计量分析等定量分析方法对其进行确定和检验。本书利用我国 1998—2009 年的上市公司面板数据及合约制度的代理变量——中国市场化指数数据对理论结果进行实证检验，并对主要变量进行多角度变化，以检验实证结果的稳健性。

第 2 章　相关概念与理论基础

2.1　相关概念的界定

为使本书的研究脉络更清晰，这里先对文中所涉及的合约制度、银行监督、融资约束及企业家 4 个相关概念加以界定，后续研究所涉及的相关概念与之保持一致。

2.1.1　合约制度

Coase(1937)关于合约理论的文献提出什么样的合约可以写入契约并执行，由此提出了合约制度(contracting institutions)的概念，之后许多学者的研究也强调了合约制度的重要性(Coase，1960；Williamson，1985；Grossman and Hart，1986；Hart and Moore，1990；Hart，1995)。制度环境是一系列基本的政治、经济、社会及法律规则的集合，它是制定生产、交换及分配原则的基础。在这些规则中，支配经济活动、产权和合约权利的基本法则和政策构成了经济制度环境。Acemoglu 和 Johnson(2003)认为，合约制度是支持私人合约的制度。沿用 Tirole(2006)对合约制度的定义，本书将合约制度定义为借款人、投资者和其他利益相关者[①]在签订合约时所处的政策环境。这种政策环境不仅包括规约借贷双方合约行为的法规，而且包括其他一些会影响投资者可保证收入和企业价值的政策变量，如税收、劳动法或宏观经济政策等。该定义认为合约制度差导致合约不能完全实施，当合约不完全实施时，投资者不能得到最终利润的名义索取权中的全部收益。

2.1.2　银行监督

银行监督(bank monitoring)按照时间顺序可以分为 3 个阶段：事前监督、事中监督和事后监督。事前监督又称为甄别，是对贷款企业的事前调查，银行在发放贷款之前必须对借款人的具体情况做详细调查，包括借款用途、借款人的资金实力、借款记录、抵押品情况、还款的概率等，事前监督可以有效控制风

---

① 如雇员。

险。事中监督是指在融资契约签订之后，银行需要监督借款人的资金使用情况是否符合契约规定及借款人的工作努力程度等，防范借款人的道德风险。事后监督是指在偿还债务时进行监督，由于借款人可能隐瞒其真实的财务状况，达到逃避债务的目的，为防止这种情况发生，银行必须对贷款企业进行事后监督，以保证债务能按融资合约得到清偿。本书研究的银行监督主要指事中监督。

Jensen 和 Meckling(1976)提出的委托代理理论将契约关系认定为企业的本质，银企之间存在信贷契约关系，银行可以根据契约条款和法律所赋予的权力对贷款企业进行监督。Diamond(1984)认为，金融中介能够充当监督者对贷款企业进行监督，由此克服信息不对称问题，并且委托给银行进行监督具有一定的规模经济效应，还能避免搭便车问题，比单一债权人监督具有更高的效率。此后，许多学者的研究结论均表明银行作为债权人对企业具有监督作用(Grossman and Hart，1982；Fama，1985；Jensen，1986；Boyd and Prescott，1986；Williamson，1987；青木昌彦和钱颖一，1995)。但这些研究并未将银行监督作为一个具体概念引入。近年来，许多学者的经验研究中开始使用银行监督这一概念(Ghosh，2007；Ahn and Choi，2009；胡奕明和谢诗蕾，2005；雷英，2007；龙建辉，2011)。本书借鉴龙建辉(2011)的定义，认为银行监督是企业的一种外部治理机制，根据信贷契约所规定的条款及法律赋予的权力，银行利用其监督角色和在信息收集方面的成本优势，降低外部投资者与借款企业之间的信息非对称程度，从而控制企业家的机会主义行为。

2.1.3　融资约束

Fazzari 和 Athey(1987)认为，由信息非对称引起的市场不完备使企业的投资机会得不到充足的资金支持，故而使企业遭受融资约束(financing constraints)，说明资金供求双方的信息非对称程度及代理成本决定了企业面临的融资约束程度。张纯和吕伟(2007)认为，若资金提供方监督企业的成本大于所提供资金的机会成本，则资金提供方将不向企业提供资金；若监督成本小于机会成本，则资金提供方愿意为企业提供资金，当然，企业需要以高额的回报来补偿资金提供方的监督成本。融资渠道不畅的企业将受到融资约束，这些企业大部分表现出内源资金不足、债务融资或股权融资受阻等。借鉴 Fazzari 等(1988)及邓可斌和曾海舰(2014)的研究，本书认为融资约束是相对于企业的投资机会而言，企业获得资金的难易程度，或者说企业的投资机会得不到充分的资金支持。具体定义如下：融资约束是指由于资本市场尚不完善，企业的内源融资与外源融资之间存在较大的成本差异，企业因无法支付较高的融资成本而导致外源融资不足，故而投资达不到最优水平、投资决策大量依赖于企业内部资金的现象。企业的融资约束具体表现在能否获得银行信贷及能获得多大额度的银行信贷两个方面。

2.1.4 　企业家

一般意义上，企业家(entrepreneur)是指在企业中不但能独立做出经营决策，而且能承担企业经营风险的人。企业家一般可以分为两类：一类是集企业所有者和经营管理者于一身的企业家；另一类是不拥有企业，只充当管理者的职业企业家。Tirole(2006)将企业的内部人统称为企业家，他可以是自然人或某个管理团队。与之相应，企业的外部人统称为投资者。借鉴 Tirole(2006)对企业家的定义，本书并不关注其是否拥有企业，而是将承担企业经营管理工作的个人或团队统称为企业家。企业家与投资者之间存在一种委托代理关系，由于存在信息非对称，企业家拥有私人信息，投资者无法观察到项目风险及企业家的努力程度等信息，对投资者来说，企业家采取损害投资的行为将不可避免，因此对企业家进行监督势在必行。基于本书对企业家的定义及研究内容，正文中不详细区分企业与企业家。

2.2 　理　论　基　础

本章对本书研究领域的理论基础进行梳理和评述。主要从企业债务融资的相关研究、银行监督的相关研究、企业融资约束的相关研究及合约制度的相关研究 4 个方面进行梳理。

2.2.1 　企业债务融资的相关研究

企业融资是指当企业的自有资金不能满足其发展需求时，企业需要到金融市场上筹集资金的行为。企业融资主要包括内源融资和外源融资两种，债务融资是企业外源融资的主要方式之一，主要指企业以负债形式向债权人支付固定金额的契约性融资合约。债务融资具有短期性、可逆性、负担性、流通性等特点，其中短期性是指通过债务融资筹集到的资金需到期偿还；可逆性是指债务融资所得资金，企业承担到期还本付息的义务；负担性是指由于债务融资所得资金需要支付利息，因此对企业形成固定负担；流通性是指以债券形式出现的债务融资可以通过市场自由转让。企业债务主要包括商业信用、银行信贷、企业债券及租赁等，其中银行信贷是企业最重要的债务融资方式，对债券市场欠发达的发展中国家，银行信贷显得尤为重要。本书研究的主题是银行监督对企业融资约束的影响。银行的监督作用源于债务监督。此外，信息非对称和代理成本是企业面临融资约束的原因，因此，在国内外众多关于企业债务融资的文献中，本书主要对债务监督功能的理论基础、信息非对称理论和委托代理理论及国内关于债务融资的研究现状进行梳理。

1.国外的相关研究

1)资本结构理论与债务融资

许多学者将 MM 定理视为新旧资本结构理论的分水岭，该定理出现之前为旧资本结构理论，之后为新资本结构理论(也称为现代资本结构理论)，本书主要梳理现代资本结构理论。著名的 MM 定理由 Modigliani 和 Miller(1958)提出，该定理成立的前提是"资本市场是完美的"这一假设，即企业的投融资政策相互独立、资本市场无摩擦(没有交易成本和所得税)、企业的融资是确定的，没有破产风险、企业的投资决策具有充分信息、资本市场能充分且有效地运行。MM 定理认为，在这些假设下，企业具有确定的市场价值，其融资结构与市场价值无关。在完美资本市场假设下，MM 定理及其分析范式最终得到广泛认可，尤其是其中套利证明方法已被列入经济理论当中。然而许多学者认为 MM 定理的结论与现实并不相符，让人难以接受，因此研究资本结构的众多学者开始考察该定理的前提假设，他们以经济中的现实情况为依据，对该定理的假设条件进行放松，与此同时，研究者还引入该定理考虑不周全的一些因素，得到修正的 MM 定理。

MM 定理的正确性在完美市场的假设下毋庸置疑，然而现实中企业面临所得税和交易成本，此时企业价值和其融资结构之间的关系将产生什么样的变化？Modigliani 和 Miller(1963)在原有理论中导入了企业法人所得税，研究结论表明负债融资对企业有利且负债比率越大越好，并打破了 MM 定理中"资本结构与企业价值无关"的结论，由此得到修正的 MM 定理。

由修正的 MM 定理可知，债务融资具有税盾效应，就股东而言，企业应通过负债来筹集其投资所需的全部资金，最优的资本结构是 100%负债。事实上，几乎没有企业选择 100%负债，为解释这一现象，学者在债务融资中引入了破产成本。破产成本理论认为，如果负债比例过大且经营不善，企业就会因资不抵债而导致破产。因此，企业在债务融资中不得不在负债的破产成本和税盾效应之间进行权衡，选择最优资本结构，这就是权衡理论。

2）委托代理理论与债务融资

（1）非完美市场与委托代理理论。委托代理理论打破了完美市场的假设，认为企业各相关主体之间存在利益冲突，而且企业是一个共同组织，其中包括内部股东、外部债权人、交易商、管理者和员工等。Jensen 和 Meckling（1976）认为，委托代理关系是一种合同，在该合同约束下，委托人通过聘用代理人并授予代理人某些决策权去完成工作。如果双方均为理性人，那么代理人不见得总是以委托人的利益最大化为目标行事，二者的目标不一致会导致道德风险，委托人为确保其利益，势必在事前对代理人采取监控措施，于是产生了代理成本。在 Jensen 和 Meckling 的定义中，代理成本为约束成本、监督成本和剩余损失三者之和。由于适当的债务融资可对代理人进行有效监督，使其按委托人的利益行事，从而减少股权融资的代理成本，因此，即便使用债务融资时股东需要付出代理成本，但股东仍会选择适当的债务融资。

（2）代理成本与债务融资。Jensen 和 Meckling（1976）指出，委托代理问题将产生代理成本，若企业增加负债，则管理者的相对持股比例将会增加，从而缓解管理者与股东之间的利益冲突，降低股权代理成本。Jensen（1986，1989）及 Stulz（1990）指出，当企业的自由现金流较大时，管理者往往会存在机会主义行为而随意挥霍自由现金流，债务融资的约束机制可以减少自由现金流、降低代理成本。Grossman 和 Hart（1982）从破产威胁方面入手，研究结果同样认为债务融资将使股权代理成本降低。Elyasiani 等（2010）认为，机构投资者所持股份比例越高，债务融资成本越低，信息非对称和代理问题将会加剧二者之间的负相关关系。Lorca 等（2011）以 2004—2007 年西班牙上市公司相关数据为样本，研究发现董事会活动对债权人风险评估的影响将会降低信息非对称和代理成本。Songini 和 Gnan（2014）的研究表明，家族企业可能会遇到异于经典委托代理理论的代理冲突，这种冲突取决于家庭的参与程度；家庭参与治理与代理成本控制机制负相关，但与家庭参与管理正相关；代理成本控制机制对家庭中小企业的融资业绩产生积极的影响。

3）信息非对称与债务融资

债务融资信号理论最早由 Ross（1977）、Leland 和 Pyle（1977）提出。当企业的管理层与外部股东之间存在信息非对称时，缺乏信息的外部投资者将用市场平均价格来衡量企业价值，此时会存在企业价值被高估或低估两种可能，对于不知情的投资者而言，负债比可以传递关于企业质量的信号。Ross（1977）、Heinkel（1982）和 Poitevin（1989）均认为，企业价值与负债、权益融资的比例正相关。Myers(1984)、Myers 和 Majluf(1984)认为，企业资本结构及其融资方式变化对外部投资者传递了企业的相关信息，从而影响企业股价。Myers 由此提出了融资优序假说，即企业首选内源融资，其次是外源融资，而外源融资中股权融资优于债务融资。然而，Hovakimian 等(2001)的研究发现，当出现企业股价被高估或企业的股权融资成本低于债券融资成本的情况时，企业融资的优序将被打乱，这种情况多出现于证券市场不完善的发展中国家。Shen(2014)认为，限制进入公共债务市场是融资优序理论被打乱的原因，其研究表明，信息非对称程度提高将导致两种效应发生，一方面，企业希望增加债务发行，而另一方面，企业逐渐丧失进入公共债务市场的能力，由此产生的结果是，信息非对称程度高的企业只能发行私募债，且面对私人债务市场，企业的负债能力相对较弱。Ahmad 等(2015)研究了南非企业的现金流和债务之间的关系，结果表明现金流与债务显著负相关，该结果肯定了企业的融资优序理论，并揭示了企业及金融家之间的信息非对称问题。此外，进一步发展南非资本市场可以降低信息非对称导致的外部融资成本。

2.国内的相关研究

债务融资与代理成本方面，国内学者主要用实证研究来检验二者之间的关系。陈耿和周军(2004)从融资结构的视角出发，研究发现债务融资中的债券可以通过信号显示功能来降低债务代理成本。杨兴全和郑军(2004)认为，债务融资降低股权代理成本，但会产生债务代理成本，因此需对两种代理成本进行权衡以确定最佳债务融资比例。蒋琰(2009)认为，上市公司的治理水平越高，其债务融资成本越低。陆贤伟等(2013)通过对 2006—2010 年中国沪深两市 A 股上市公司相关数据的实证分析得出，在代理成本和融资约束的相互制衡下，企业的债务融资成本与企业距离董事网络最中心的距离负相关。也有学者认为，债务融资在降低股权代理成本的同时，也将对管理者的腐败行为和在职消费产生协同效应(田利辉，2005b；田侃等，2010)。

债务融资的治理效应方面，杨兴全(2002)的研究发现，我国尚未建立起有效的偿债保障机制，负债融资发挥治理效应所需要的条件在我国还不成熟，负债融资没有发挥激励机制。范从来和叶宗伟(2004)实证研究的结果表明，我国银行债务融资在公司治理中并没有发挥大债权人应有的作用，因此上市公司应该积极发展企业债券，以增强债务融资在公司治理中发挥的积极作用。邓莉等(2007)认为，无论是短期借款还是长期借款，我国银行债务并没有起到公司治理的作用。雒敏(2011)认为，由于受到政府干预及国有控制因素的影响，债务融资起不到缓解代理成本的治理作用，反而加剧了大小股东的代理冲突。王善平和李志军(2011)以我国1999—2008年A股上市公司数据为样本，实证检验了银行持股企业债务融资和投资效率之间的关系，研究发现，与非银行持股企业相比，银行持股企业的债务融资对投资效率的敏感度更高，在银行持股的企业中，投资效率高者获得的债务融资更多。

汪辉(2003)认为，我国上市公司的债务融资与总资产的比值较小，且对于公司发行债券，市场反应较为积极。此外，债务融资可将公司业绩信号传递给外部投资者。刘锡良和郭斌(2004)认为，由于信息非对称，银行贷款融资在信息生产和监督方面均比发行企业债券更具优势，因而企业债务融资将首选银行贷款。倪铮和魏山巍(2006)认为，由政府在资金的融通及分配过程中占主导地位导致的债券融资渠道不畅是我国企业债券市场发展滞后的主要原因。此外，他们的研究还发现，利用新增债务比率来衡量的债务融资与公司价值呈正相关关系，而且债务融资还能向市场传递出积极的信号。

2.2.2　银行监督的相关研究

银行监督是指在融资契约签订之后，银行需要监督借款人的资金使用情况是否符合契约规定以及借款人的工作努力程度等，防范借款人的道德风险。本书主要就银行监督的理论基础、银行监督的功能效应及国内关于银行监督的研究现状进行梳理。

1.国外的相关研究

1)银行监督的理论基础

金融中介理论是银行监督的理论基础，对银行监督的研究必须对金融中介理论的相关知识有深入的理解。金融中介是指在金融市场上资金融通过程中，为借贷双方提供中介服务或起到媒介作用的金融机构(Chant，1992)。从形态上看，金融中介主要包括商业银行、保险公司及其他金融中介机构[①]；从功能上看，金融中介是对金融契约及证券进行转化的中间机构(Gurley and Shaw，1956；Gurley et al.，1960；Scholes et al.，1976；Fama，1980)。

Chant(1992)以信息经济学与交易成本经济学的发展作为界限，将金融中介理论分为"新说"和"旧说"。"旧说"认为金融中介属于被动的资产组合管理者，他们仅仅提供资产转型服务，根据市场上风险与收益的具体情况来选择

---

① 其他金融中介机构主要包括投资银行、证券公司、财务公司、投资基金及信息咨询公司等。

资产组合。"新说"则以信息经济学和交易成本经济学作为理论基础，更注重于探讨金融中介存在的原因。以金融中介理论发展的时间顺序为主线，本书对各阶段金融中介理论的主要观点进行梳理。

(1) 古典金融中介理论。

古典金融中介理论认为，金融中介机构具有信用媒介和信用创造两大基本功能。最早对信用媒介进行理论研究的是亚当·斯密，此后，李嘉图及约翰·穆勒等也对该理论进行了研究，他们认为金融中介最初的职能是兑换货币，之后逐渐演化为支付中介服务。金融中介的信用媒介功能体现在通过吸收存款和发放贷款，促使资本进行再分配及提高资本效益。信用媒介论对于当时客观存在的经济基础而言有其合理性，但该理论未能解释贷款数额超过存款数额的部分，因此在货币流通条件下有一定的局限性。最早研究信用创造论的学者是约翰·劳，此后麦克鲁德力、熊彼特、哈耶克及凯恩斯等对该理论做了进一步发展和完善。信用创造论认为，金融中介的功能是为社会创造信用，因此金融中介机构的贷款额可以超过其吸收的存款，而且还能够通过发放贷款的方法创造存款。信用创造论为分析银行信用对货币流通的影响提供了技术支持，但也有学者认为，该理论中信用等价于财富、货币等价于资本及银行能够无限创造信用等观点是不准确的。

早期对金融中介理论的研究进展不大，并未出现系统性的研究。这主要是由当时的经济金融环境决定的，大部分学者只是将银行作为一个既定存在的因素，而没有解释银行等金融中介为什么会存在。

(2) 20 世纪 60 年代前的金融中介理论。

20 世纪初期，对金融中介理论的研究收效甚微，大部分研究都将金融中介视为既定要素加以考虑，直到 20 世纪 60 年代，金融中介理论才得到初步发展。Fisher 等 (1930) 提出的内部信贷市场将金融中介理论的重要性提升到一定高度，其研究表明消费者信贷市场将对家庭的总效用及福利水平产生影响，甚至会改变它们。然而，有许多经济学家，包括 Debreu (1959)、Friedman 和 Schwartz (1963) 等均认为金融中介不影响经济运行，二者之间没有必然联系。Debreu (1959)、Arrow (1970) 提出的一般均衡模型认为，在完全且完美的市场条件下，资源配置已经达到帕累托最优，金融中介在经济活动中不再起作用。Friedman 和 Schwartz (1963) 认为，银行只能发挥货币创造功能而不具有中介功能。Modigliani 和 Miller (1958) 提出的 MM 定理及后来的真实商业周期模型均认为，在完全且完美的市场条件下，金融中介并不创造价值。然而，由于现实中并不存在完全市场，而且银行和保险公司等金融中介已具有悠久的历史，并在金融市场中起着重要作用(McKinnon，1973)，因此，那些认为金融中介无用的理论显然与现实并不相符。

(3)现代金融中介理论。

20 世纪 60 年代以来，经济学家们将信息经济学、新制度经济学、博弈论、交易成本经济学的最新成果应用到金融中介理论的研究中，进一步解释了在现代金融活动当中，金融中介的存在价值及其所起的作用，从内生经济角度论证了金融中介产生的原因及发展的主题，这些研究成果构成了现代金融中介理论。

①不确定性和金融中介理论。跨期交易的结果存在不确定性，针对由个人消费风险引起的不确定性，Bryant(1980)、Diamond 和 Dybvig(1983)研究了银行类中介在个人消费面临不确定性时所起的作用，认为银行负债并不是执行交易媒介功能，而是起到平滑消费的功能。Diamond 和 Dybvig(1983，1986)建立的模型(DD 模型)认为，在投资者处于独立的流动性冲击经济中时，可以由金融中介通过提供存款合同来改进市场配置，然而市场并不能完全防范流动性冲击，当然也就不能有效配置资源。在 DD 模型中，若没有交易成本，各投资者之间可以直接签订合约，同样可以达到通过金融中介所达到的目的，但是道德风险终将瓦解这样的私人合约。Allen 和 Gale(1997)的研究认为，金融中介具有平滑跨期风险转移机制，这是金融中介的另一种平滑功能，而且这里并没有假设市场是完全的。

②交易成本和金融中介理论。金融市场中存在交易成本是导致完全市场不存在的重要原因之一。Benston 和 Smith(1976)将交易成本认为是金融中介存在的重要原因，交易成本主要包括货币交易成本、监督成本、审计成本和搜寻成本等。交易成本对金融中介的影响可以追溯到金融中介理论的先驱 Gurley 等(1960)合著的《金融理论中的货币》一书，此后 Benston 和 Smith(1976)及 Fama(1980)等均认为 Arrow-Debreu 的一般均衡模型中理想的完全信息金融市场并不存在，因此金融交易需要金融中介的参与。与直接融资相比，金融中介可以利用规模经济及范围经济技术来降低交易成本，规模经济存在的原因在于，在金融市场上，当总的交易量增加时，平均到每项交易上的成本增加量比较小。Allen 等(1998)认为，中介可以将交易成本进行分摊，因此在成本上比个人更具优势。金融中介具有分配技术和中介技术，前者是指就整个社会的储蓄—投资过程而言，金融中介可以提高储蓄及投资水平，并能将稀缺的储蓄资源有效地分配到多个可能的投资机会当中；后者是指通过协调借贷双方各自的金融需求，金融中介可以降低金融交易成本，并创造出新型金融资产。

③信息非对称和金融中介理论。信息非对称是完全市场不存在的又一个重

要原因，信息非对称在事前表现为逆向选择，事后表现为道德风险。将信息非对称作为解释金融中介存在的原因，是 20 世纪 70 年代研究金融中介理论的一大热点。最早研究信息非对称问题的或许是 Leland 和 Pyle(1977)，该研究认为当存在逆向选择问题时，与单个投资者相比，借款人联盟更有优势，事实上该借款人联盟指的就是金融中介，与此同时，Leland 和 Pyle(1997)还提出解决逆向选择问题的相关建议。Campbell 和 Kracaw(1980)认为，资本市场不能有效生产出潜在投资的信息，而金融中介却可以做到这一点，从而能够克服逆向选择问题。Boyd 和 Prescott(1986)就代理人联盟生产潜在投资的信息、进一步克服逆向选择等问题给出了更加详细和完整的解释。Gorton 和 Pennacchi(1990)认为，银行可以通过资产转化来达到解决逆向选择问题的目的。就道德风险而言，有效的解决办法是加强监督，为降低监督成本及解决搭便车问题，委托给具有规模经济的银行进行监督无疑更有效率。Diamond(1984)提出金融中介可以通过监督借款人来解决潜在的道德风险问题。Holmström 和 Triole(1997)对项目实施期间如何防止借款人潜在的道德风险问题进行研究。Rajan 和 Winton(1995)指出银行资本是银行执行委托监督功能的另外一种机制。

④金融中介的功能观。金融中介理论包含机构观和功能观两种分析范式。金融中介机构观的代表是 Mishkin(1986)。Mishkin 认为，金融中介机构应在融资活动中起到更大的作用。然而功能观的出现将金融中介理论提升到一个新的高度，虽然有许多学者对金融中介的功能观做了论述(Jensen and Meckling，1976；Leland and Pyle，1977；Diamond and Dybvig，1986；Williamson，1985，1988)，但是 Merton(1995)及 Merton 和 Bodie(1993，1995)的研究最终将金融中介的功能提升到功能观的层次。Merton 和 Bodie(1993)认为，金融部门具有将风险在不同参与者之间进行分配的新功能，金融中介及金融市场都是动态的。Merton 和 Bodie(1995)提出的金融创新螺旋，认为金融中介促进金融市场发展的方式有两种：一是通过在金融市场上创造新产品，二是加大原有产品的交易量；反之，金融市场可通过降低生产成本的方式促使金融中介创造新产品，因此，二者之间不仅存在相互竞争关系，而且在功能的发挥上可以相互促进，可以说是两个互补性的制度。Oldfield 和 Santomero(1997)的研究认为，与提供服务的金融机构及为满足客户要求而提供的特定产品相比，金融服务具有更好的稳定性。

⑤金融中介职能的扩展。伴随金融市场的发展，金融中介的功能也不断扩展，其新功能主要包含风险管理、参与成本、价值增加和客户导向几个方面。随着金融衍生品的出现和金融业务的不断拓展，金融中介的风险管理职能已成

为银行等金融中介赖以生存和发展的重要职能。面对金融中介业务出现新的变化，Allen 等(1998)、Allen 和 Santomero(2001)的研究认为，原有的金融中介理论具有片面性，现代金融中介的存在需要利用风险管理、参与成本等新的功能来加以解释。Allen 等(1998)则认为，参与成本对理解金融市场和金融中介的演变至关重要。但也有学者认为 Allen 等(1998)、Allen 和 Santomero(2001)的分析并不全面，如 Scholtens 等(2000)认为现代金融中介理论发展的动力是价值增加，因此金融中介理论研究的核心应该是价值增加。Scholtens 等(2000)的理论在金融中介中强调顾客导向，而不是信息非对称，也就是说，传统的金融中介理论强调成本和信息非对称，Scholtens(2000)的扩展理论强调价值和顾客导向。

2)银行监督的功能效应

企业的债务融资既可以监督代理人的机会主义行为，又可以将企业质量的相关信息传递给投资者，从而缓解由信息非对称引起的代理冲突。就银行信贷而言，本书将债务融资的这两种功能分别定义为银行监督的控制效应和银行监督的信息效应。

(1)银行监督的控制效应。

Stiglitz(1985)认为，企业通过银行进行融资比通过证券市场进行融资更有效，这是由于银行对管理层具有非常明显的监控能力，因而由银行实施监督是有效的。此外，银行持股将增强银行的监督动力。Hoshi 等(1991)认为，银行持股在监督企业方面更具有优势。Diamond(1991)、Holmström 和 Tirole(1997)认为，由于银行的信息资源较广且在项目审查方面具有一定的优势，因此可以对企业实施监督以降低道德风险带来的负面影响。Diamond(1984)及 Gorton 和 Schmid(2000)等的研究均表明，与其他类型的股东相比，银行具有更高的监督能力。

Stiglits 和 Weiss(1983)认为，银行可以通过终止贷款合同作为威胁，迫使企业选择高质量的投资项目，以降低道德风险和逆向选择。James(1987)认为，与公开市场上的债务相比，银行可以提供更为廉价的关系型资金。而 Fama(1985)认为，银行放贷及贷款续签均可向其他利益方宣告，他们不必花费高昂的成本对企业做与银行相同的评估。Rajan(1992)的研究发现，私人债权(如银行)比公众债权在获取企业内部信息方面更具成本优势，因而更愿意监督企业。Carletti 等(2007)研究了多个银行贷款监督中的多样化与搭便车问题，研究结论表明当银行与贷款项目关系不大、企业利润较小、金融一体化程度低及管理或司法系统效率低而引起监督成本上升时，银行可以选择联合其他银行进行多银行贷款以降低监督成本。

Repullo 和 Suarez(2000)建立的模型研究了自有资金有差异的创业企业，在银行信贷与市场融资之间如何决策的问题，结果表明银行融资的监督功能可降低借贷双方的道德风险。Shepherd 等(2008)的研究发现，存在银行监督的企业，其自由现金流和企业价值之间存在正相关关系，在企业代理成本高时这种正相关关系尤为明显。May(2008)认为，当股东不能通过控制权市场对管理层进行有效的监督和惩戒时，银行监督更有价值。

(2)银行监督的信息效应。

Jaffee 和 Russell(1976)、Stiglitz 和 Weiss(1981)及 De Meza 和 Webb(2000)均认为，信息非对称是信贷配给现象在全球范围内广泛存在的主要原因。Von Thadden(1995)认为，银行的监督功能主要来自其信息优势，因此银行才愿意在监督企业方面投入以获取信息租金。银行既可以生产针对企业的特定信息，又可以获得其他利益相关者不可得的私人信息。银行将在这些信息的基础上做出放贷决策，而其他利益相关者可以获知银行的放贷决策，因此银行的决策可以向其他利益相关者传递借款公司的经营状况及信用评级等信息。Nakamura 和 Roszbach(2013)利用来自两大瑞典银行的信贷评级数据为银行贷款的监控能力提供证据。研究结果表明，就这些银行而言，银行信贷评级确实包含了来自监督的有价值的私人信息。此外，从征信所得到的公开信息在银行评级中并不起作用，而该研究对银行贷款组合的风险分析可以将银行信贷评级和征信所的公共信贷评级相结合。

对于银行如何获得贷款企业的私人信息，Lummer 和 McConnell(1989)认为有两种观点。第一种观点是，银行在信息收集技术方面投资，从而在信息上具有竞争优势。当借款人向银行提出借款申请时，银行将对申请人进行评估，银行的信贷决策包含了借款人的信用信息，因此可以起到向外部参与者传递信号的作用。Scholes 等(1976)、Campbell 和 Kracaw(1980)等对这种观点做了补充与发展，认为出现新的银行贷款公告时，股票价格会上涨。第二种观点是(Kane and Malkiel，1965)，银行能够获得客户私有信息的原因是，银行与客户之间存在较为亲密且持续的业务关系。Fama(1985)将该观点进行扩展，认为就向企业提供资金而言，银行的作用不可替代，银行不但能获取借款人的私人信息，而且银行借款的债务索取权优先级别比较低[①]，因此信用续约所发出的信号较为可信，从而将降低企业其他索取权人的监督成本。这两种关于信息传递的观点表明，银行对新借款人的首次借款安排或老借款人的借款续约均有向资本市场传

① 如员工债务优先于银行债务。

递信息的可能。

Byers 等(2008)的研究发现，对于那些内部治理较弱的企业，贷款宣告更可能产生正的财富效应。Huang 和 Zhao(2006)的研究认为，公司治理欠佳的企业债务不再起到惩罚作用，经理可能从自身的利益出发使用债务，一些公司治理质量差的中国企业从监督能力弱的银行获得贷款，会出现负的异常收益。Fields 等(2006)发现银行贷款宣告能产生正的异常收益这一现象只在 20 世纪 80 年代早期出现过。Vashishtha(2014)的研究利用违反合约来为面临提高银行监督时企业做出怎样的信息披露决策提供证据，研究结果表明违反合约后，企业将减少信息披露，这种信息披露的减少反映了股东因委托给银行进行监督而不需要大量披露信息的事实。

2.国内的相关研究

国内学者关于银行监督理论方面的研究比较少。潘敏(2002)对梯诺尔的模型做了进一步分析，结果表明企业的融资形态与其自有资金有关，自有资金较充足的企业不需要通过银行监督就可以较廉价地获得直接融资，自有资金较少的企业却不得不通过银行监督进行融资。蔡晓钰等(2005)构建了一个关于银企之间不完全信息博弈的模型，对企业道德风险及银行监督力度的影响因素进行分析，并对银行采取怎样的随机监督策略做了研究。研究结果表明，就我国目前的市场监督体制来说，银行对企业进行监督的意图将在贷款合约中体现出来：银行将设置较多的监督和约束条款，对抵押担保品的要求也较高。倪铮和张春(2007)的模型在债务合同中引入了企业社会成本及银行监督机制，结论表明国有企业和私营企业具有不同的还贷机制，由于信息非对称，银行针对这两类企业的事前审查和激励机制也不尽相同。

国内关于银行监督的实证研究主要有两种观点：一种观点认为我国银行已经具有监督作用；另一种观点认为我国银行对借款企业缺乏监督或监督不足。许多学者认为我国银行在各项经济活动中既有能力也有动力去监督企业，银行对借款企业具有一定的监督作用(徐强胜和李中红 2001；胡奕明和谢诗蕾，2005；胡奕明和周伟，2006；沈红波等，2007；邓莉等，2008)，他们分别从贷款利率、借款人财务及公司治理之间的关系、贷款期限结构、特殊背景下的贷款公告等方面入手，验证了银行对借款企业的监督功能。胡奕明等(2008)通过比较银行的贷款利率及贷款续新两项贷款政策，探讨作为大贷款人的银行是否具有监督作用。研究结论表明，作为大贷款人之一，我国银行通过贷款利率相关政策体现出一定的监督作用，但贷款续新政策却不能体现银行的监督作用。金雪军和张学勇(2005)、徐昕和沈红波(2010)、王满四和邵国良(2012)认为，银行信贷对经理层有一定的监督作用，这种监督作用在长期贷款中体现得更明显。这些研究均认为我国银行对借款企业有一定的监督作用，但较为有限。

也有学者从银行在公司治理中的作用入手来研究银行的监督作用。雷英(2007)认为，信息不对称程度高的企业更需要引入银行监督。雷强(2010)指出银行需要通过加大惩罚力度、发展关系银行业务及健全公司治理机制等措施来提高监督效率。汪君(2013)认为，银行贷款对上市公司盈余管理已具有一定的监督效应，而且银行监督力度与公司盈余管理程度负相关，但并不能通过银行监督来消除盈余管理行为。王芸等(2013)用我国 2008—2010 年房地产上市公司数据来分析银行监督和企业财务风险之间的关系，结果表明加强银行监督力度可以有效地降低企业的财务风险。王满四等(2014)认为，银行通过监督企业经营状况来确定贷款政策，并通过控制自由现金流量来监督和激励经理层，但我国银行对经理层的监督作用较弱。

部分学者的研究表明，在我国现有体制下，银行对贷款企业监督不足或不实施监督，银行监督有时甚至对企业绩效产生反作用。郑江淮等(2001)认为，在现有条件下国有商业银行对国有企业实施有效监督的能力和动力不足。朱俊峰和张长海(2006)认为，银行对借款企业监督不足的原因是，银行业的垄断使国有商业银行对企业监督不足或不愿监督企业，银行间竞争可以缓解监督不足问题。武建强(2004)认为，我国银行的委托监督可以促进企业技术进步，但国有商业银行对企业的监督处于缺位状态。邓莉等(2007)研究了银行债权在公司治理中的作用，结果表明我国银行在贷款人的经营活动中并未起到有效的监督作用。初海英等(2014)认为，银行在事前监督中是有效的，因而可以降低逆向选择带来的风险，但事中和事后监督呈现无效性。胡奕明和周伟(2006)认为从贷款人业绩来看，贷款政策并不能体现银行监督的作用，有些甚至起到相反的作用。

2.2.3　企业融资约束的相关研究

融资约束是指由于资本市场尚不完善，企业的内源融资与外源融资之间存在较大的成本差异，企业因无法支付较高的融资成本而导致外源融资不足，故而投资达不到最优水平、投资决策大量依赖于企业内部资金的现象。企业的融资约束是本书的主要研究对象，作为重要的理论基础，本书主要从国外及国内的相关研究两个方面进行梳理。

1.国外的相关研究

对于企业融资约束的形成原因，Fazzari 和 Athey(1987)认为，由信息非对称引起的市场不完备使企业的投资机会得不到充足的资金支持，故而使企业遭受融资约束。Whited(1992)的研究表明，流动性约束与信息非对称和企业融资约束紧密关联，流动性约束越高，投资者和企业家之间的信息非对称程度越严重，投资者越难以对企业的投资机会做出正确的判断，因此企业的融资约束也越大。Whited 和 Wu(2006)认为，规模效应可以解释融资约束，规模越小的企业，其流动性约束越强，融资机会也就越少，导致融资约束越大。最近有学者对融资约束的机理进行了研究，Bolton 等(2011)研究了流动性约束、企业的融资约束与投资决策之间的关系，证明了外部融资成本和风险之间的不可分散性是融资约束的形成原因。Wang 等(2012)利用理论模型证明了在非完美市场中，企业的融资约束和流动性约束之间关系紧密，而且与企业的特质风险也有很大关系，融资约束越强的企业，其特质风险也越高。

关于企业融资约束的实证方面，Fazzari 等(1988)利用投资对现金流的敏感性模型验证了企业融资约束的存在性，融资约束越大，投资对现金流的敏感性越高。Hoshi 等(1991)的研究认为，与小规模上市公司相比，大型集团上市公司更容易获取外部融资，这类公司投资对现金流的敏感度较低，所受的融资约束也较小。Froot 等(1993)的研究表明，融资约束使得企业不得不留存部分内部现金流以应对未来的投资。Gugler(2003)、Pawlina 和 Renneboog(2005)等的研究也发现企业的融资约束程度和企业投资对现金流的敏感性之间存在正相关关系。Houston 等(2001)的实证研究表明，对比债务主要来源于银行借款的公司及债务主要来源于私募的公司，前者的融资约束更小。

也有学者认为利用投资—现金流敏感性来度量企业的融资约束存在局限性。Kaplan 和 Zingales(1997)及 Cleary(1999)等均发现企业的融资约束和投资—现金流敏感性之间存在负相关关系，因此投资—现金流敏感性不能证明企业融资约束的存在性。Alti(2003)认为，只有在无摩擦的金融市场中，投资—现金流敏感性才能表明融资约束的存在性。Moyen(2004)最早指出利用投资—现金流敏感性作为融资约束度量指标的局限性，若能用每股派现率来度量融资约束时，投资—现金流敏感性才能很好地度量融资约束程度。Almeida 等(2004)提出利用现金—现金流敏感性来度量融资约束，并给出了严格的数学证明，该研究认为融资约束越大的企业，现金对现金流的敏感性越大。此后，Khurana 等(2006)利用 Almeida 等(2004)的模型研究企业的融资约束，发现现金—现金流敏感性越大的企业面临的融资约束越大。Campello 等(2010)的研究表明，融资约束严重影响企业的现金持有，企业通过现金持有来应对其所受的融资约束，企业面临的融资约束越大，其持有的现金也越多。

Rajan 和 Zingales(1998)认为，发达的金融市场可以有效缓解企业的融资约束问题，企业的融资约束不但受公司规模、资产结构及其成长性等自身发展因素的影响，国家和地区的金融发展水平在很大程度上也将对其产生影响。Love(2003)的研究发现企业的融资约束问题与地区金融发展呈负相关关系，主要原因是金融发展能减少信息非对称及合约不完备引起的市场不完善问题，从而缓解企业面临的融资约束问题。

2.国内的相关研究

国内关于融资约束的研究主要是实证检验我国上市公司面临的融资约束及缓解融资约束问题的因素，对于融资约束形成原因的研究比较少。郑江淮等(2001)认为，我国上市公司面临融资约束的一个重要原因是股权结构。屈文洲等(2006)认为，信息非对称是企业面临融资约束的重要原因，信息非对称程度越高的企业，其投资对现金流的敏感性也越高，并且二者的关系是非线性的。连玉君和程建(2007)认为，投资—现金流敏感性产生的原因是代理问题或信息不对称，而非融资约束。此外，连玉君等(2008)还提出现金对现金流的敏感性可以检验融资约束假说，面临融资约束的企业，其现金对现金流的敏感性较为强烈，而非融资约束企业则没有表现出这种特征。但是姚耀军和董钢锋(2014)认为，中小银行发展能有效缓解中小企业的融资约束问题，而且中小企业投资—现金流敏感性的根源是融资约束而不是代理冲突。邓可斌和曾海舰(2014)认为，我国企业融资约束的根源可能是政府干预经济引起的融资渠道外生于市场，而不是由市场竞争引起的流动性约束。

张纯和吕伟(2007)研究了机构投资者持股与国有民营企业的融资约束及融资能力之间的关系。结果表明，就民营企业而言，机构投资者参与可以显著降低其信息非对称程度，从而减小民营企业的融资约束，但对国有企业而言，机构投资者参与起不到缓解融资约束问题的作用。梁权熙等(2012)认为，与融资约束较小的企业相比，宏观经济不确定性对融资约束较大的企业的现金持有水平影响更大。此外，政治关联有助于缓解企业的融资约束问题，政治关联不仅可降低投融资双方的信息非对称程度(信息效应)，还能帮助民营企业获取资源(资源效应)，有政治关联的企业，投资对内部现金流的依赖较小，其融资约束也较小(罗党论和甄丽明，2008；于蔚等，2012)。金融关联也是企业融资约束的重要影响因素，与国有企业相比，非国有企业中金融关联对缓解融资约束所起的作用较为显著，而且市场化程度越低的地区，这一作用越显著(王少飞等，2009；邓建平和曾勇，2011)。代光伦等(2012)认为，与由低级别政府(地方政府)控制的企业相比，由高级别政府(中央政府)控制的国有企业面临的融资约束更小；金融市场化程度高的地区，这种政府控制层级在企业融资约束中的影响有所减弱。程小可等(2013)的研究发现，高水平的内部控制可有效缓解融资约束，而且银企关联和高水平的内部控制对缓解融资约束问题具有替代效应。

周伟和谢诗蕾(2007)认为，在制度环境差或金融市场发展滞后的地区，企业面临的融资约束问题也较大，企业更倾向于持有现金。饶华春(2009)实证检验了我国金融发展与企业融资约束之间的关系，结果发现融资约束在我国上市公司中是一个普遍现象。金融发展可以有效降低融资约束，且这种缓解作用在民营上市公司中体现得更明显。此外，对缓解企业的融资约束问题而言，金融中介发展的作用远大于股票市场发展的作用。在金融生态环境对融资约束的影响方面，朱凯和陈信元(2009)的研究发现，金融生态环境越发达，企业的融资约束越小，但非标审计意见对企业融资约束的影响越大。魏志华等(2014)认为，金融生态环境越好，企业越容易获得银行贷款及商业信用，其融资约束也越小。与国有企业或大中型企业相比，民营企业和中小企业面临的融资约束更大，而优化金融生态环境可有效缓解其融资约束问题。理论研究方面，田原(2013)利用基于道德风险的委托代理模型，分析了企业融资中的信息租金抽取与融资约束问题，并简要分析了企业融资约束的影响因素及金融发展对企业融资约束的缓解作用，并在此基础上构建了用以检验企业融资约束存在性及金融发展对企业融资约束缓解作用的欧拉方程模型，对理论研究的结果进行了实证研究。

2.2.4　合约制度的相关研究

由于合约制度与融资约束的相关研究已在融资约束部分进行梳理，因此这里只对合约制度与债务融资及银行监督的相关研究做梳理。

1.国外的相关研究

North(1990)将制度视为一种博弈规则，该规则包括产权制度、宪法和契约等正式规则及规范和习俗等非正式规则。法律制度对金融活动中的交易成本(包括合约执行成本和产权界定成本)产生直接影响，Acemoglu 等(2001)的研究发现，制度可以决定经济增长，且过去的制度决定现今的制度。Bolton 和

Rosenthal(2002)、Acemoglu 和 Johnson(2003)指出，合约制度是支持私人合约的制度，且弱的合约实施制度削弱了企业的融资能力。

Shleifer 和 Vishny(1997)指出，对处于经济转型时期的国家来讲，法律起着重要作用。La Porta 等(1998)开创了"法与金融"的先河，该文献对各个国家法律与金融发展的关系进行研究，此后 La Porta 等(2000)对法律制度、资本市场发展及投资者保护等制度环境与经济增长间的关系进行研究，结论表明，对投资者保护较强的国家或地区，其金融中介、资本市场发展较完善且经济增长较快。Booth 等(2001)及 Giannetti(2003)认为，对债权人的法律保护越好、法律执行越好的国家和地区，企业的债务融资能力越强。Rajan 和 Zingales(2003)在关于 20 世纪金融发展政治问题的文章中指出，更好的合约制度环境将使资金实力较弱的企业也能获得融资，从而进入市场，再次证明了合约制度环境变好使企业的融资约束减小。Chen(2004)发现权衡理论和融资优序假说都不能有力解释中国企业的融资现实，因为构成这两个经典理论的西方世界的制度基础与中国有很大差异。Shvets(2013)的实证研究发现，当投资者受到的法律保护需要付出高昂的成本时，投资者的放贷意愿将减小，且银行比其他投资者对法庭的执行效率更敏感。此外，新成立或不是由债权人拥有的企业，其借贷能力更容易受到无效率法庭的影响。Fatoki(2014)通过对南非中小企业难以获得债务融资的现象进行研究，结果发现宏观经济环境、法律制度、犯罪和腐败等外部因素对中小企业能否获得债务融资有着重要影响。

Jappelli 等(2005)针对合约的实施力是如何影响资金的可获得性问题进行了研究，发现合约执行效率高的司法区内贷款较多，信贷约束较轻。Demirguc-Kunt 和 Maksimovic(1996)、Beck 等(2008)及 Mitton(2008)认为，银行体系的发展及对债权人的法律保护均可缓解企业的银行信贷约束，对小企业来说更是如此。Cole 和 Turk-Ariss(2008)的实证研究发现，较强的债务合约执行力度提高了银行的贷款资产占比，即较强的法律保护提高了银行的信贷水平，促使银行承担更多风险。Djankov 等(2002)、Djankov 等(2007)的研究表明，更大的法律形式主义国家在执行简单合约时成本更高，法庭上执行时间长，具有较低的公平感和较低的司法系统效率，从而降低了放贷者的放贷意愿。

North(1981)提出政府的作用之一是通过提供法律、规则及实施环境以确保私人合约的实施。Aghion 和 Hermalin(1990)指出，当存在逆向选择时，政府以某种形式干预私人合约是合理的。Shleifer 和 Vishny(1997)将政府的作用分为掠夺之手和帮助之手两种，前者是指政府监督股东并限制其进行利益侵占；后者是指政府出于政治偏好，有时会对低效率项目进行融资。Bolton 和

Rosenthal(2002)分析了政府对债务合约的干预理论,论证了在农业项目收益具有随机性时,政府干预相当于一种担保,政府担保使得有经济困难的农民在农业项目没有收益时可以延期偿债,从而提高了事前和事后的效率。

2.国内的相关研究

由于我国正处于转型经济时期,地区间制度环境(如政府干预程度、市场化程度及法制水平等)差异较大。对于中国这样的新兴市场,法律制度环境等因素在经济中所起的作用越来越受到学者的关注(樊纲和王小鲁,2004;王鹏,2008;沈艺峰等,2009;余明桂等,2010)。孙铮等(2005)实证检验了市场化程度对企业债务融资的影响,结论表明,市场化程度高的地区,长期债务在企业总债务中的占比较小,而这一差异主要来源于地区间政府对企业的干预程度不同。江伟和李斌(2006)认为,在获得长期债务融资的数量上,国有上市公司比民营上市公司更有优势,政府干预程度降低或金融发展水平提高都将有助于减弱国有银行的差别贷款行为。叶康涛等(2010)的实证研究发现,市场化程度和声誉之间有一定的相互替代关系,市场化程度越高的地区,声誉对债务融资产生的影响越小。

方军雄(2007)认为,在政府干预较强、市场化程度较低的地区,国有企业比民营企业更容易获得融资。不过随着市场化进程的提高、政府干预的减少,国有企业和民营企业的融资能力差异相对缩小。黎凯和叶建芳(2007)认为,政府对经济活动进行选择性干预,当企业处于经济发展水平高、市场化进程快、法治水平高等制度环境中时,只有部分上市公司的长期银行贷款受到地方政府的干预。余明桂和潘红波(2008)认为,企业银行贷款受到政府干预程度、地区法治水平和金融发展水平的重要影响,且政府干预是企业债务融资的一个更为基本的影响因素。此外,政府干预的后果之一是银行和企业之间无法根据市场来自由信贷。张兆国等(2011)的研究表明,存在政治关系的企业不仅能够获得更多的银行贷款,而且融资成本也比较低。

张健华和王鹏(2012)的研究表明,法律保护水平越高,银行的放贷规模越大,当投资者保护等法律环境较好时,债权人在贷款违约时的回收率也相应提高,从而提高了银行等放贷者的放贷意愿,由此提高了企业家的融资能力。肖作平和廖理(2012)的研究表明,法律环境越好,上市公司的银行借款和总债务水平越低,法律环境对终极控股股东和融资结构选择之间的关系存在影响。杜建华(2013)实证分析了各地区金融业竞争水平与投资者保护水平对上市公司长期债务融资的影响,结果表明在金融业竞争水平越高的地区,投资者保护对提高企业的长期债务融资能力所起的作用越大。

戴璐和汤谷良(2007)认为,与发达市场条件相比,我国转型经济中债务融资制度环境尚存在很多特殊性,这就能合理解释为何会出现超出经典理论的"双高"现象。张杰和刘志彪(2008)就合约实施与国际贸易之间的关系,从理论和实证两个角度对这一领域的已有文献进行详细梳理,初步分析了合约实施对一国国际贸易所具有的影响效应及其作用机理。茹玉骢等(2010)讨论了地区合约实施效率对外资区位选择的影响,研究结果表明,包括合约实施效率在内的制度环境改善是地区外资产业结构调整和完善的重要前提。徐玉德等(2011)认为,企业的信息披露质量越高,越容易获得银行贷款,因此企业的债务融资约束越小;企业的所有权性质及制度环境将对这一关系产生影响,制度环境越好(政府干预程度低、市场化水平高、法治环境好),信息披露质量对企业新增银行贷款的影响越显著。张敏和李延喜(2013)认为,制度环境的区域差异影响上市公司的融资方式选择,制度环境越好的地区(我国东部地区),上市公司就越可能选择内源融资,而制度环境欠佳的地区(我国中西部地区),上市公司的融资方式选择不受制度环境的影响。

制度环境与银行监督方面,龙建辉(2011)以2003—2008年我国房地产上市公司数据为样本,研究了中国特有的制度环境下银行监督和公司治理之间的关系,结论表明,银行监督提高了经理人的代理成本、降低了股东的代理成本,法律环境的改善能使两类代理成本都显著降低;制度环境与银行监督之间的交互效应较为显著。苏玲(2012)考察了银行监督、法律制度环境、政府控制及内部治理之间的交互作用对 ST 公司被特别处理前三年经理人代理成本的治理效应。结果表明,不考虑制度环境时,银行监督具有显著的治理效应,但加入制度环境因素后,银行监督不存在治理效应,而且银行监督和制度环境之间不存在交互治理效应。沈红波等(2013)实证检验了政府干预与银行贷款监督效率之间的关系,结论表明,政府干预程度越弱,短期银行贷款对企业的监督作用越显著,制度环境和银行信贷的特征导致了监督的局限性。王海霞和裴淑红(2013)实证检验了制度环境对银行监督企业的途径与效果的影响,结论表明,目前我国的制度环境对银行事前监督约束经理人的代理成本有所帮助,但在事中和事后监督中作用不明显。

第 3 章　银行监督与企业的信贷可得性

由于银行和借款企业之间存在信息非对称和道德风险，因此银行只有对借款企业实施监督，才能保证自己的资金安全。银行监督需要成本，而且这种成本最终由借款企业承担，从而降低了企业家在项目中的期望收益，融资约束最终成为银行与企业之间博弈的结果。Hellwig 等(1987)认为，信贷约束是企业外部融资中经常遇到的现象，一部分企业家受限于固定的信贷额度，另一部分企业家完全不能获得银行信贷。Stiglitz 和 Weiss(1981)等认为，借贷双方之间的信息非对称导致了信贷配给现象的出现，从而使企业面临较为严重的融资约束问题。由于信息非对称及合约制度等因素的影响，借贷双方签订的融资合约未必能够完全实施，而放贷者预期到借款人事后的机会主义行为，因此会在事前让借款人做出更大的让步。在这些因素共同作用下，银行监督对企业的融资约束将产生何种影响？合约制度的变化又将对企业的融资约束产生何种影响？不同合约制度下银行监督对缓解企业融资约束问题所起的作用一样吗？本章从企业的信贷可得性入手，利用最优化模型来解答这些问题。借鉴 Holmström 和 Tirole(1997)的固定投资分析框架，本章建立了一个包含合约制度、银行监督及企业融资约束的最优化模型。首先，本章从企业的信贷可得性视角出发，利用固定监督力度模型探讨了银行监督及合约制度对企业融资约束的影响；其次，借鉴 Pagano 和 Roell(1998)的模型，本章利用可变监督力度模型探讨了银行的最优监督力度，并对不同合约制度下银行的监督效应做了深入分析；最后，本章利用数值模拟进一步验证了理论模型的结论。

本章 3.1 节为基本假设，3.2 节讨论了无监督融资时合约制度对企业家信贷可得性的影响；3.3 节讨论了不同合约制度下银行监督对企业融资约束的影响；3.4 节通过固定投资分析框架下的可变监督力度模型进一步讨论了合约制度与企业融资约束之间的关系及不同合约制度下银行监督对缓解企业融资约束所起的作用；3.5 节主要利用数值模拟验证了理论部分的一些重要结论；3.6 节对本章的主要内容做了总结。

3.1　基　本　假　设

首先将基本假设做如下描述。

● 　参与者：企业家(entrepreneur)、银行(bank)[①]和普通投资者(investor)[②]。

● 　企业家组成测度为 1 的连续统。

● 　银行包含连续数目的个体[③]。

● 　企业家、银行和普通投资者都为风险中性的(risk neutrality)[④]。

● 　企业家受到有限责任(limited liability)的保护[⑤]。

● 　企业家具有讨价还价的能力，其提出一个"投资者要么接受、要么拒绝"的融资契约。

● 　投资者市场是完全竞争的[⑥]，投资者的期望利润为 0。

● 　企业家拥有相同的固定投资技术，唯一不同的是企业家的初始资产 A，不妨设 A 服从 $[0,+\infty)$ 上累积分布函数为 $G(A)$ 的分布。

● 　初始资产为 A 的代表性企业家拥有规模为 I 的投资项目[⑦]。为了实施项目，企业家必须向外部投资者[⑧]融资 $I-A$。

● 　项目投资具有风险，如果实施，可能会成功，也可能会失败。成功时产生 R 的可验证收入，失败时不产生任何收入[⑨]。

● 　投资项目有 3 种类型(表 3.1)。

表 3.1　投资项目类型表

指标	G 项目	b 项目	B 项目
成功概率	p_H	p_L	p_L
失败概率	$1-p_H$	$1-p_L$	$1-p_L$
私人收益	0	b	B

---

① 　银行充当监督者且本书所指行为商业银行。

② 　普通投资者又称为无信息投资者。

③ 　不会引起市场力量问题。

④ 　这一假设更多地表明他们都是法人而不是自然人，若考虑自然人，风险厌恶更为合适。

⑤ 　保证了企业家的收入不可能为负。

⑥ 　其背后隐含的经济学含义是：市场上有很多潜在的投资者，为了向企业投资而相互竞争。如果最有吸引力的贷款合同产生正的利润，那么借款者可以转向另外的放贷者，提出稍微低一些的利润，事实上，投资者没有议价权。

⑦ 　投资规模是外生给定的，这是固定投资模型(fixed-investment model)的关键假设。

⑧ 　包括银行和普通投资者。

⑨ 　为简化分析，我们假设收入服从两点分布。

表 3.1 中，$\Delta p = p_H - p_L > 0$，$B > b > 0$。可以看出，项目成功的概率受到企业家工作努力程度的影响，但企业家的工作努力程度是不可观察的[①]。如果企业家尽职(behavior)，项目成功的概率为 p_H，企业家没有私人收益；如果企业家卸责(misbehavior)，项目成功的概率为 p_L，且可获得私人收益 B 或 b。

● 时期：两期。不妨记为 $t = 1, 2$，其中第 1 期投资，第 2 期获得收益。

● 银行能以监督成本 c 排除 B 项目，监督成本如果存在则必发生在第 2 期。

● 监督资本是稀缺的(scarce)。

● 普通投资者是无信息的分散个体，其不会搜集信息，仅仅是监督活动的搭便车者。

● 普通投资者要求的资金收益率为 γ，银行要求的资金收益率为 β，且有[②] $\beta > \gamma$。

● 只有企业家选择尽职才能产生正的净现值(net present value)[③]，即
$$p_H R - \gamma I > 0 > [p_L R - \gamma I] + B$$

● 设参数满足：
$$p_H R - \gamma I < p_H \frac{B}{\Delta p}$$

● 监督者和普通投资者的名义索取权(nominal claim)被实施的概率均为 e。其中，参数 $e \in [0, 1]$ 表示合约制度的好坏程度。

整个经济活动可分为以下 5 个步骤：第一步，企业家拥有资金 A，外部投资者提供 $I - A$，投资各方在时期 1 签订融资契约，契约规定各方的投入及收益；第二步，投资各方按契约规定进行投资，企业家负责具体的经营活动；第三步，银行选择监督企业，则需付出监督成本 c 以排除私人收益较高的项目，若不监督企业，则无需付出监督成本；第四步，企业家根据银行是否监督来选择尽职或卸责，尽职可以提高项目成功的概率，但私人收益低，卸责可以获得高私人收益，但项目成功概率低；第五步，知晓投资结果，各方根据契约规定对最终利润进行分配，但契约的执行情况受到企业所在地区合约制度的影响。具体的博弈时序如图 3.1 所示。

---

① 该假设表明项目受到企业家道德风险的影响：企业家可以选择成功概率高但私人收益少的项目，也可以选择成功概率低但私人收益高的项目。在模型中的道德风险，我们强调的是利润降低，从数学上看，是从一阶随机占优的角度而言。

② 这种假设出于两个原因：一方面，银行在监督过程中产生的超出正常投资的监督成本必须得到补偿，银行总可以用普通投资者的身份投资，之所以选择充当监督人，是因为这样会给其带来更高的回报；另一方面，β 可以表示稀缺租金，如果有信息资本供不应求，则监督者会通过要求更高的收益率来获取准租金。

③ 如果企业家卸责，即使包括企业家的私人收益，项目仍然具有负的净现值。这是由于卸责时，要么企业家的期望利润为负，要么投资者的预期投资利润为负，要么两种情况同时发生，即 $p_L R - \gamma I + B = [p_L R_u - \gamma(I - A)]$ $+ [p_L R_b - \gamma A + B] < 0$。

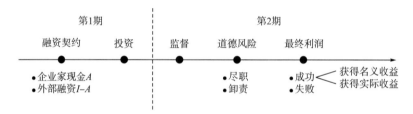

图3.1　固定投资模型的博弈时序图

3.2　无监督融资

　　无监督融资也称为无信息融资(uninformed financial)，是指企业家向无信息的普通投资者融资。不妨设资产为 A 的企业家和普通投资者之间的融资契约如下：项目投资 I ，企业家出资 A ，外部投资者出资 $I-A$ ；当项目获得成功时，企业家和普通投资者对最终利润的名义索取权分别为 R_b 和 R_u ，且 $R_b+R_u=R$ ；项目失败时双方的索取权均为0。具体合约形式为

$$C=[I;\ (A,\ I-A);\ ((R_b,\ 0);\ (R_u,\ 0));\ e]$$

　　企业家可以将利润中的一部分转移而不受任何惩罚[1]。其中， R_b 表示企业家的名义或合约化收益， R 表示企业家的实际收益。企业家获得名义收益 R_b 的概率为 e ，获得实际收益 R 的概率为 $1-e$ 。合约不完全实施的假设表明，投资者不能得到最终利润的名义索取权中的全部收益[2]。对于上述融资契约 C ，投融资双方的最优化问题为[3]

$$\begin{cases} \max_{R_b} p_H[eR_b+(1-e)R]-\gamma A \\ \text{s.t.} \ (1)(\Delta p)[eR_b+(1-e)R] \geqslant B \\ \qquad (2)p_H e(R-R_b) \geqslant \gamma(I-A) \end{cases} \tag{3.1}$$

其中，

　　● 目标函数是企业家根据契约所获得的期望净收益(expected net payoff)[4]。

　　● 约束条件(1)表示企业家的激励相容约束(incentive compatibility constraint)。

　　● 约束条件(2)表示普通投资者的参与约束(participation constraint)[5]。

---

① 企业家在选择努力水平时并不知道项目成功时是否可以挪用收入。
② Acemoglu 和 Johnson(2003)曾提出这样的思想。
③ 我们注意到这样的事实：在没有监督时，若企业家卸责，其更偏好 B 而不是 b 类型的项目。
④ 以终值计算。
⑤ 或称为个人理性约束(individual rationality constraint)、零利润条件(zero profit constraint)。

最优化问题(3.1)的约束条件(1)可以化简为

$$eR_b + (1-e)R \geqslant \frac{B}{\Delta p}$$

根据合约制度的好坏,上式可分为两种情况:

$$(1-e)R \geqslant \frac{B}{\Delta p} \Rightarrow e \leqslant 1 - \frac{B}{R\Delta p}$$

$$(1-e)R < \frac{B}{\Delta p} \Rightarrow e > 1 - \frac{B}{R\Delta p}$$

在这两种不同的合约制度下,最优化问题(3.1)的解可以归结为如下引理。

引理 3.1:当 $e > 1 - B/(R\Delta p)$ 时,企业家获得无监督融资的充要条件为 $A \geqslant \bar{A}(\gamma)$,其中,

$$\bar{A}(\gamma) = I - \frac{p_H}{\gamma}\left[R - \frac{B}{\Delta p}\right]$$

证:当 $e > 1 - B/(R\Delta p)$ 时,$R_b > 0$ 才能满足企业家的激励相容约束,故企业家获得无监督融资的充要条件为

$$p_H eR - p_H\left[\frac{B}{\Delta p} - (1-e)R\right] \geqslant \gamma(I - A)$$

可以化简为

$$p_H\left(R - \frac{B}{\Delta p}\right) \geqslant \gamma(I - A) \tag{3.2}$$

即

$$A \geqslant \bar{A}(\gamma) = I - \frac{p_H}{\gamma}\left[R - \frac{B}{\Delta p}\right]$$

当 $A \geqslant \bar{A}(\gamma)$ 时,注意到资本市场是完全竞争的,因此企业家提供的融资契约将使普通投资者得不到正剩余,故有

$$p_H eR_u^* = \gamma(I - A)$$

即

$$R_u^* = \frac{\gamma(I - A)}{e p_H}$$

于是项目成功时企业家获得的报酬为

$$R_b^* = R - R_u^* = R - \frac{\gamma(I - A)}{e p_H}$$

当企业家获得融资时,最优化问题(3.1)的次优解[①]为

[①] 对称信息下的解称为帕累托最优解(First-best solution),非对称信息下的解称为次优解(Second-best solution)

$$R_b^* = R - \frac{\gamma(I-A)}{ep_H}, \quad R_u^* = \frac{\gamma(I-A)}{ep_H}$$

引理 3.2：当 $e \leqslant 1 - B/(R\Delta p)$ 时，企业家获得无监督融资的充要条件为 $A \geqslant \bar{A}(\gamma, e)$，其中

$$\bar{A}(\gamma, e) = I - \frac{p_H eR}{\gamma}$$

证：当 $e \leqslant 1 - B/(R\Delta p)$ 时，$R_b = 0$ 亦可满足企业家的激励相容约束，故企业家获得无监督融资的充要条件为

$$p_H eR \geqslant \gamma(I-A) \tag{3.3}$$

即

$$A \geqslant \bar{A}(\gamma, e) = I - \frac{p_H eR}{\gamma}$$

与 $e > 1 - B/(R\Delta p)$ 的情形类似，当企业家获得融资时，最优化问题(3.1)的次优解为

$$R_u^* = \frac{\gamma(I-A)}{ep_H}, \quad R_b^* = R - \frac{\gamma(I-A)}{ep_H}$$

推论 3.1：当融资成功时，普通投资者的期望净效用为 $U_u^* = 0$，企业家的期望净效用为 $U_b^*(\gamma) = p_H R - \gamma I$。

证：首先，由于项目获得融资时，企业家获得全部社会剩余(social surplus)，因此普通投资者的期望净效用为 $U_u^* = 0$；其次，当项目获得融资时，将 R_b^* 代入最优化问题(3.1)的目标函数可得

$$U_b^*(\gamma) = p_H R - \gamma I$$

推论 3.2：随着合约制度的变好，企业家获得融资所需要的自有资金非增。

    证：由

$$\frac{\partial \bar{A}(\gamma, e)}{\partial e} = -\frac{p_H R}{\gamma} < 0$$

可知，企业家获得融资所需要的自有资金是合约制度的减函数。不妨取 $e_s > 1 - B/(R\Delta p)$ 和 $e_w \leqslant 1 - B/(R\Delta p)$，那么有

$$\bar{A}(\gamma, e_s) = I - \frac{p_H}{\gamma}\left[R - \frac{B}{\Delta p}\right], \quad \bar{A}(\gamma, e_w) = I - \frac{p_H eR}{\gamma}$$

显然有

$$\bar{A}(\gamma, e_w) \geqslant \bar{A}(\gamma, e_s)$$

推论 3.2 表明，相对于好的合约制度，差的合约制度环境下企业家受到的融资约束更大，好的合约制度可以缓解企业家的融资约束问题。再结合引理 3.1、

引理 3.2 和推论 3.1 可知，若合约制度较好，当企业家的自有资金满足 $A \in \left[\overline{A}(\gamma),\ +\infty \right)$ 时，企业家可以获得无监督融资，反之，当 $A \in \left[0,\ \overline{A}(\gamma) \right)$ 时，企业家不能获得无监督融资；若合约制度差，当企业家的自有资金满足 $A \in \left[\overline{A}(\gamma,\ e),\ +\infty \right)$ 时，企业家可以获得无监督融资，反之，当 $A \in \left[0,\ \overline{A}(\gamma,\ e) \right)$ 时，企业家不能获得无监督融资。合约制度的好坏只影响企业家获得融资的门槛，对于获得融资的企业家来说，合约制度不会影响其期望净效用。

3.3　银行监督融资

不存在监督时，企业家将选择 B 项目，这样在企业家卸责时会得到更高的私人收益。不过，如果企业家在无监督时无法获得融资，则其将考虑通过有监督能力的中介机构进行融资，此时的融资可称为有信息融资或监督融资。因为监督行为减少了企业家尽职的机会成本，即排除了高私人收益的项目，所以充当监督角色的金融中介将有助于受到资金约束的企业家获得融资。故当企业家无法获得无监督融资时，他将考虑通过银行等金融中介机构的监督进行融资。

3.3.1　企业的信贷可得性

在有银行监督的融资中，融资的缔约方为企业家、银行和普通投资者。企业家、银行和普通投资者分别为项目注入资金 A、I_m 和 I_u，其中 $I_u = I - A - I_m$；当项目成功时，企业家、银行和普通投资者分别获得收益 R_b、R_m 和 R_u，其中 $R_b + R_m + R_u = R$；当项目失败时，三方所获收益均为 0。具体合约形式为

$$C = \left[I;\ \left(A;\ I_m;\ I_u \right);\ \left(\left(R_b,\ 0 \right);\ \left(R_m,\ 0 \right);\ \left(R_u,\ 0 \right) \right);\ e \right]$$

投融资三方的融资合约为以下最优化问题之解：

$$\begin{cases} \max\limits_{R_b,\ R_m} p_H \left[e^2 R_b + (1-e)e(R_b + R_m) + (1-e)e(R_b + R_u) + (1-e)^2 R - \gamma I \right] \\ \text{s.t. } (1)\ b \leq \Delta p(eR_b + (1-e)R) < B \\ \qquad (2)\ p_H eR_m - c \geq \gamma I_m \\ \qquad (3)\ p_H eR_m - c \geq p_L eR_m \\ \qquad (4)\ p_H e(R - R_m - R_b) \geq \gamma(I - A - I_m) \end{cases} \tag{3.4}$$

其中，

- 目标函数表示企业家获得的期望净收益，可以化简为

$$p_H \left[eR_b + (1-e)R \right] - \gamma A$$

● 约束条件(1)表示引入银行监督且企业家尽职的激励相容约束，一方面，若要对企业家进行监督，必有

$$p_H[eR_b + (1-e)R] < p_L[eR_b + (1-e)R] + B$$

即

$$\Delta p[eR_b + (1-e)R] < B$$

另一方面，当受到银行监督时，企业家尽职的激励相容条件为

$$p_H[eR_b + (1-e)R] > p_L[eR_b + (1-e)R] + b$$

即

$$\Delta p[eR_b + (1-e)R] \geqslant b$$

● 约束条件(2)是银行的参与约束，保证其成为一名监督者而不是普通投资者：

$$p_H eR_m - c = \beta I_m - c \geqslant \gamma I_m$$

即

$$(\beta - \gamma)I_m \geqslant c$$

● 约束条件(3)是银行的激励相容约束，激励其实施监督：

$$p_H eR_m - c \geqslant p_L eR_m \Leftrightarrow (\Delta p)eR_m \geqslant c$$

● 约束条件(4)是普通投资者的参与约束，表示其收入终值(final values)应不少于其初始投资终值。

引理3.3：当存在银行监督时，项目融资成功后企业家的期望净效用为

$$U_b^*(\gamma, \ \beta) = [p_H R - (\beta - \gamma)I_m] - \gamma I$$

证：企业家获得的期望净效用为

$$\begin{aligned}
U_b^*(\gamma, \ \beta) &= p_H(eR_b + (1-e)R) - \gamma A \\
&= p_H[e(R - R_m - R_u) + (1-e)R] - \gamma A \\
&= p_H R - \beta I_m - \gamma I_u - \gamma A \\
&= p_H R - \beta I_m - \gamma(I - A - I_m) - \gamma A \\
&= [p_H R - (\beta - \gamma)I_m] - \gamma I
\end{aligned}$$

在以下内容中，为方便叙述，将合约制度进行明确的划分：合约制度差是指 $e \in [0, \ 1 - B/(R\Delta p)]$，合约制度较差是指 $e \in [0, \ 1 - b/(R\Delta p)]$，合约制度处于中间状态是指 $e \in (1 - B/(R\Delta p), \ 1 - b/(R\Delta p)]$，合约制度较好是指 $e \in (1 - B/(R\Delta p), \ 1]$，合约制度好是指 $e \in (1 - b/(R\Delta p), \ 1]$。

引理3.4：在企业家的融资合约中，企业家希望有监督的投资越少越好。

证：当 $e > 1 - B/(R\Delta p)$ 时，注意到无监督时企业家获得的净效用为

$$U_b^*(\gamma) = p_H R - \gamma I$$

由于有监督时企业家获得的期望净效用为

$$U_b^*(\gamma,\beta) = \left[p_H R - (\beta - \gamma) I_m \right] - \gamma I \leqslant U_b^*(\gamma)$$

因此[1]：

(1) 当 $A \geqslant \overline{A}(\gamma)$ 时，免去银行的监督能提高企业家的福利，故有 $I_m = 0$。

(2) 当 $A < \overline{A}(\gamma)$ 时，在缺乏监督的情况下，企业家不能获得融资。此时企业家将选择能满足融资条件的有信息资本的最低值[2] $I_m(\beta)$。由于资本市场是竞争性的，银行和普通投资者的资金投入都得不到正剩余，即有

$$p_H e R_m = \beta I_m, \quad p_H e R_u = \gamma I_u$$

从而银行要求的回报率满足

$$\beta = \frac{p_H e R_m}{I_m}$$

然而，银行的激励相容约束要求其得到的最低份额为 $R_m = c/(e\Delta p)$，因此银行最少需要向它所监督的企业投资

$$I_m(\beta) = \frac{p_H c}{\beta \Delta p}$$

由引理 3.4 可知，最优化问题(3.4)可以化简为

$$\begin{cases} \max_{R_b} \ p_H \left[eR_b + (1-e)R \right] - \gamma A \\ \text{s.t.} \quad (1) b \leqslant \Delta p \left[eR_b + (1-e)R \right] < B \\ \quad\quad (2) p_H e R_m - c = \gamma I_m \\ \quad\quad (3) \Delta p e R_m = c \\ \quad\quad (4) p_H e (R - R_m - R_b) \geqslant \gamma (I - A - I_m) \end{cases} \quad (3.5)$$

命题 3.1：当 $e > 1 - b/(R\Delta p)$ 时，企业家获得银行监督融资的充要条件为

$$A \geqslant \underline{A}(\gamma,\ \beta)$$

其中，

$$\underline{A}(\gamma,\ \beta) = I - \frac{p_H \left(R - \dfrac{b+c}{\Delta p} \right)}{\gamma} - \frac{p_H c}{\beta \Delta p}$$

证：若 $(1-e)R < b/\Delta p$，则 $R_b > 0$ 时才有 $eR_b + (1-e)R \geqslant \dfrac{b}{\Delta p}$，即 $R_b > 0$ 才能满足企业家的激励相容约束，由于无信息投资者必须向企业家提供的资金为

---

① 此处也可理解为由于 $\beta > \gamma$（由 $p_H c/(\Delta p) - c = \gamma I_m(\beta)$ 可知，银行可接受的最低回报率为 $\beta = (p_H/p_L)\gamma > \gamma$），对企业家来说，给实施监督的银行所支付的成本更高。

② 因为大于该值会增大融资成本，小于该值又不能满足监督者的激励相容约束。

$I_u = I - A - I_m(\beta) > 0$，故最优化问题(3.5)有解的充要条件为[①]

$$p_H eR - p_H\left[\frac{b}{\Delta p} - (1-e)R\right] \geq \gamma\left[I - A - \frac{p_H c}{\beta \Delta p}\right]$$

即

$$A \geq \underline{A}(\gamma,\ \beta)$$

其中，

$$\underline{A}(\gamma,\ \beta) = I - \frac{p_H\left(R - \frac{b+c}{\Delta p}\right)}{\gamma} - \frac{p_H c}{\beta \Delta p}$$

命题 3.2：当 $e \leq 1 - b/(R\Delta p)$ 时，企业家获得银行监督融资的充要条件为
$$A \geq \underline{A}(\gamma,\ \beta,\ e)$$

其中，

$$\underline{A}(\gamma,\ \beta,\ e) = I - \frac{p_H\left(eR - \frac{c}{\Delta p}\right)}{\gamma} - \frac{p_H c}{\beta \Delta p}$$

证：若 $(1-e)R \geq b/\Delta p$，则 $R_b = 0$ 亦可满足企业家的激励相容约束，此时，最优化问题(3.5)的激励相容约束条件可变为
$$p_H e(R - R_m) \geq \gamma(I - A - I_m)$$

由此得最优化问题(3.5)有解的充要条件为
$$p_H e\left(R - \frac{c}{e\Delta p}\right) \geq \gamma\left(I - A - \frac{p_H c}{\beta \Delta p}\right)$$

即

$$A \geq \underline{A}(\gamma,\ \beta,\ e)$$

其中，

$$\underline{A}(\gamma,\ \beta,\ e) = I - \frac{p_H\left(eR - \frac{c}{\Delta p}\right)}{\gamma} - \frac{p_H c}{\beta \Delta p}$$

根据命题 3.1 和命题 3.2 可知，当 $e > 1 - b/(R\Delta p)$ 时，自有资金 $A < \underline{A}(\gamma,\ \beta)$ 的企业无法获得有监督融资；当 $e \leq 1 - b/(R\Delta p)$ 时，自有资金 $A < \underline{A}(\gamma,\ \beta,\ e)$ 的企业无法获得有监督融资。若企业家达到监督融资的自有资金要求，则项目成功时银行获得的收益、无信息投资者获得的收益、企业家获得的收益及银行的投资分别为

[①] 企业家向无信息投资者提供的可保证折现收入超过其初始投资时，企业家就可以利用监督者来获得资金。

$$R_m^* = \frac{c}{e\Delta p}, \quad R_u^* = \frac{\gamma(I-A)}{p_H e} - \frac{\gamma c}{e\beta\Delta p}$$

$$R_b^* = R - \frac{\gamma(I-A)}{p_H e} - \frac{c}{e\Delta p}\left(1 - \frac{\gamma}{\beta}\right), \quad I_m^* = \frac{p_H c}{\beta\Delta p}$$

命题 3.1 与命题 3.2 说明，当 $A < \underline{A}(\gamma, \beta)$（合约制度好的情况下）或 $A < \underline{A}(\gamma, \beta, e)$（合约制度较差的情况下）时，企业家不能获得监督融资。然而企业家也不愿银行投入超出 $I_m(\beta)$ 的有信息资本，因为超出 $I_m(\beta)$ 的有信息资本将要求更高的回报率，但企业家能提供的预期可保证收入并未增加，因此参与约束条件(4)更难以满足，说明企业家选择最低的有信息资本 $I_m(\beta)$ 是最优的。

命题 3.3：当 $e \leq 1 - B/(R\Delta p)$ 时，企业家将无法获得有监督融资。

证：当合约制度 $e \leq 1 - B/(R\Delta p)$ 时，由于最优化问题(3.5)的约束条件(1)为

$$b \leq \Delta p\left[eR_b + (1-e)R\right] < B$$

然而当 $e \leq 1 - B/(R\Delta p)$ 时，有

$$(1-e)R \geq \frac{B}{\Delta p}$$

此时

$$eR_b + (1-e)R \geq \frac{B}{\Delta p}$$

与约束条件(1)矛盾，因此，最优化问题(3.5)无解。

在合约制度差的情况下，企业家无法获得有监督融资的根本原因在于，当 $e \leq 1 - B/(R\Delta p)$ 时，企业家获得的实际收益 $eR_b + (1-e)R \geq B/\Delta p$ 足够大，此时即使银行不实施监督，企业家的激励相容约束条件仍然能满足，因此企业家会选择尽职，再由于监督存在成本 c，故银行肯定选择不监督。故合约制度差时，自有资金 $A < \overline{A}(\gamma, e)$ 的企业家不能通过银行监督获得融资。

引理 3.5：当合约制度 $e > 1 - B/(R\Delta p)$ 时，若

$$c < \frac{\gamma\beta[B - (1-e)R\Delta p]}{\beta - \gamma}$$

得到满足，则有 $\underline{A}(\gamma, \beta, e) < \overline{A}(\gamma)$。

证：由于 $\underline{A}(\gamma, \beta, e) < \overline{A}(\gamma)$ [1]，即

$$I - \frac{p_H\left(eR - \dfrac{c}{\Delta p}\right)}{\gamma} - \frac{p_H c}{\beta\Delta p} - \left[I - \frac{p_H\left(R - \dfrac{B}{\Delta p}\right)}{\gamma}\right] < 0$$

---

[1]　如果 $\overline{A}(\gamma) \leq \underline{A}(\gamma, \beta, e)$，则银行的监督资本存在超额供给。

可知

$$c<\overline{c}=\frac{\gamma\beta\left[B-(1-e)R\Delta p\right]}{\beta-\gamma}$$

命题 3.4：存在监督成本 $c<\overline{c}$，当合约制度较好时，与无监督融资相比，银行充当监督者可以缓解企业家的融资约束问题；当合约制度差时，银行监督并不能缓解企业的融资约束问题。

证：首先，若 $e>1-B/(R\Delta p)$，当 $c<\overline{c}$ 时，由引理 3.5 可知

$$\overline{A}(\gamma)>\underline{A}(\gamma,\ \beta,\ e)$$

而

$$\underline{A}(\gamma,\ \beta,\ e)-\underline{A}(\gamma,\ \beta)=\frac{p_H\left[(1-e)R-\dfrac{b}{\Delta p}\right]}{\gamma}\geqslant 0$$

故 $\overline{A}(\gamma)>\underline{A}(\gamma,\ \beta)$，由此可知，在相同的合约制度下，银行监督降低了企业家获得融资的门槛，从而缓解了企业的融资约束问题。

其次，当 $e\leqslant 1-B/(R\Delta p)$ 时，由命题 3.3 可知，企业家无法获得银行贷款，且

$$\overline{A}(\gamma,\ e)-\overline{A}(\gamma)=\frac{p_H\left[(1-e)R-\dfrac{B}{\Delta p}\right]}{\gamma}\geqslant 0$$

结合引理 3.5 可知，企业的融资约束随着合约制度的变差而增大，说明企业的融资能力与合约制度正相关。

综合以上讨论，得到如下推论。

推论 3.3：如果监督成本 c 不太高，且 $e>1-b/(R\Delta p)$，则有

(1) 当 $A>\overline{A}(\gamma)$ 时，企业家将全部进行无监督融资。

(2) 当 $\underline{A}(\gamma,\ \beta)\leqslant A<\overline{A}(\gamma)$ 时，企业家进行部分监督融资，且

$$I_m=\frac{p_H c}{\beta\Delta p}$$

(3) 当 $A<\underline{A}(\gamma,\ \beta)$ 时，企业家无法获得融资。

推论 3.4：如果监督成本 c 不太高，且 $1-B/(R\Delta p)<e\leqslant 1-b/(R\Delta p)$，则有

(1) 当 $A\geqslant \overline{A}(\gamma)$ 时，企业家将全部进行无监督融资。

(2) 当 $\underline{A}(\gamma,\ \beta,\ e)\leqslant A<\overline{A}(\gamma)$ 时，企业家进行部分监督融资，且

$$I_m=\frac{p_H c}{\beta\Delta p}$$

(3) 当 $A<\underline{A}(\gamma,\ \beta,\ e)$ 时，企业家无法获得融资。

推论 3.5：如果监督成本 c 不太高，且 $e \leqslant 1 - B / (R\Delta p)$ ，则有

(1) 当 $A \geqslant \bar{A}(\gamma, e)$ 时，企业家将全部进行无监督融资。

(2) 当 $A < \bar{A}(\gamma, e)$ 时，企业家无法获得融资。

对企业家来说，最优选择为无监督融资。由于非对称信息的原因，当自有资金无法满足获得无监督融资的条件时，企业家才考虑有信息的监督融资。由于存在监督成本，有信息的融资显然将降低企业家的整体预期收益。又由于项目收益为正，在有监督融资下，企业家获得的期望收益高于无法进行项目投资时的收益，故在监督成本不太高的情形下，企业家获得项目融资比不能获得项目融资好。由推论 3.3 到推论 3.5 可知，在好的合约制度环境 $[e > 1 - b / (R\Delta p)]$ 或处于中间状态的合约制度环境 $[1 - B / (R\Delta p) < e \leqslant 1 - b / (R\Delta p)]$ 下，当企业家自有资金足够多时，企业家将进行无监督融资；当企业家的自有资金不够多时，企业家将进行部分监督融资；当企业家的自有资金比较少时，企业家无法获得融资。在差的合约制度环境 $[e \leqslant 1 - B / (R\Delta p)]$ 下，若企业家的自有资金足够多，则可获得无监督融资；若企业家的自有资金较少，则无法获得融资。

当监督成本 c 不太高，且在一定的合约制度下时，有

$$\bar{A}(\gamma, e) \geqslant \bar{A}(\gamma) \geqslant \underline{A}(\gamma, \beta, e) \geqslant \underline{A}(\gamma, \beta)$$

从而可知，随着合约制度的变好，企业家的融资约束越来越小。

3.3.2　企业的融资约束

由前面的分析可知，最优化问题 (3.5) 是否有解决定了企业是否存在融资约束，而企业融资约束及福利受到合约制度、监督成本、回报率、企业家的私人收益、项目成功的概率等因素的影响。本书接下来考察合约制度及银行监督对企业的融资约束及其福利效应产生的影响。

引理 3.6：在信息非对称情形下，企业家为获得融资必须向外部投资者做出让步，且合约制度越差，所做让步越大。

证：当考虑合约制度时，在无监督融资模型中，企业家和普通投资者分别得到

$$R_b^* = R - \frac{\gamma(I - A)}{e p_H} , \quad R_u^* = \frac{\gamma(I - A)}{e p_H}$$

在有监督融资模型中，企业家、普通投资者和银行分别得到

$$R_b^* = R - \frac{\gamma(I - A)}{e p_H} - \frac{c}{e \Delta p}\left(1 - \frac{\gamma}{\beta}\right)$$

$$R_u^* = \frac{\gamma(I-A)}{ep_H} - \frac{\gamma c}{e\beta\Delta p} , \quad R_m^* = \frac{c}{e\Delta p}$$

由于 $e \in [0, 1]$，因此企业家所得份额随着合约制度的降低而减小，普通投资者和银行所得份额均随着合约制度的降低而增大，当 $e=1$ 时，二者相等。

引理 3.6 表明，当合约不完全实施时，企业家为了获得外部融资必须向外部投资者做出巨大的让步，从而提高可保证收入以补偿外部投资者的初始投资。由于信息非对称，为了增加可保证收入，企业家不得不向外部投资者提供较高的利润分成。由于 $p_H e(R-R_b) = \gamma(I-A)$，故无论合约实施水平 e 的值如何，企业的资金实力越弱，向投资者做出的让步就越大。对于资金实力相同的企业家而言，合约制度增强可以减少企业家向投资者(或监督者)做出的让步。

引理 3.7：随着普通投资者要求的回报率 γ 及银行要求的回报率 β 的增大，企业家面临的融资约束将增大，同时导致企业家的福利降低。

证：由于

$$\frac{\mathrm{d}\bar{A}(\gamma)}{\mathrm{d}\gamma} = \frac{p_H}{\gamma^2}\left[R - \frac{B}{\Delta p}\right] > 0$$

$$\frac{\partial\bar{A}(\gamma, \ e)}{\partial\gamma} = \frac{p_H e R}{\gamma^2} > 0$$

且

$$\frac{\mathrm{d}U_b^*(\gamma)}{\mathrm{d}\gamma} = -I < 0$$

故普通投资者要求的回报率 γ 的增大会提高企业家获得无监督融资的门槛并降低其福利。又由于

$$\frac{\partial\underline{A}(\gamma, \ \beta)}{\partial\gamma} = \frac{p_H}{\gamma^2}\left[R - \frac{b+c}{\Delta p}\right] > 0$$

$$\frac{\partial\underline{A}(\gamma, \ \beta, \ e)}{\partial\gamma} = \frac{p_H}{\gamma^2}\left[eR - \frac{c}{\Delta p}\right] > 0$$

且

$$\frac{\partial U_b(\gamma, \ \beta)}{\partial\gamma} = -(I - I_m) < 0$$

故普通投资者要求的回报率 γ 的增大会提高企业家获得银行监督融资的门槛并降低其福利。此外，由于

$$\frac{\partial\underline{A}(\gamma, \ \beta)}{\partial\beta} = \frac{p_H c}{\beta^2\Delta p} > 0$$

$$\frac{\partial \underline{A}(\gamma,\ \beta,\ e)}{\partial \beta} = \frac{p_H c}{\beta^2 \Delta p} > 0$$

$$\frac{\partial U_b(\gamma,\ \beta)}{\partial \beta} = -I_m < 0$$

因此，银行要求的回报率 β 的增大将提高企业家获得银行贷款的门槛并降低其福利。

事实上，由于"蛋糕"的大小是固定的，任何一种回报率增大都将使外部投资者要求的份额增大，企业家做出的让步也更大，而且可保证收入更难满足外部投资者的参与约束，因此企业的融资约束增大。

以下命题考察了在固定的回报率下，合约制度对企业家融资约束、融资方式及其福利的影响。

命题 3.5：当 $e \leqslant 1 - B/(R\Delta p)$ 时，随着合约制度的变好，企业家的融资约束也相应变小，部分资金实力弱的企业家将不能获得融资。

证：由于

$$\frac{\partial \overline{A}(\gamma,\ e)}{\partial e} = -\frac{p_H R}{\gamma} < 0$$

且当 $e \leqslant 1 - B/(R\Delta p)$，即 $(1-e)R \geqslant B/\Delta p$ 时，有

$$\overline{A}(\gamma,\ e) - \overline{A}(\gamma) = \frac{p_H}{\gamma}\left[(1-e)R - \frac{B}{\Delta p}\right] > 0$$

故当合约制度差时，企业家获得无监督融资的自有资产最低值提高。此时，资金实力处于区间 $\left[\overline{A}(\gamma),\ \overline{A}(\gamma,\ e)\right]$ 内的企业家由于合约制度变差而失去了无监督融资能力，由推论 3.5 可知，这部分企业家也不能获得银行贷款，所以他们将无法获得项目融资。

命题 3.6：当 $e \in \left(1 - B/(R\Delta p),\ 1 - b/(R\Delta p)\right]$ 时，企业家的融资约束随着合约制度的变差而增大，部分资金实力弱的企业家将无法获得项目融资。

证：由于

$$\frac{\partial \overline{A}(\gamma,\ \beta,\ e)}{\partial e} = -\frac{p_H R}{\gamma} < 0$$

且当 $(1-e)R \geqslant b/\Delta p$ 时，有

$$\overline{A}(\gamma,\ \beta,\ e) - \overline{A}(\gamma,\ \beta) = \frac{p_H\left[(1-e)R - \dfrac{b}{\Delta p}\right]}{\gamma} \geqslant 0$$

故当合约制度处于中间状态时，企业家获得银行贷款的自有资产最低值提高。此时，资金实力处于区间 $\left[\overline{A}(\gamma,\ \beta),\ \overline{A}(\gamma,\ \beta,\ e)\right]$ 内的企业家由于合约制度变差

而无法获得项目融资。

命题 3.7：当 $e>1-b/(R\Delta p)$ 时，合约制度环境的变化不对借贷关系产生任何影响。

证：由于

$$\frac{\partial \overline{A}(\gamma)}{\partial e}=0,\ \frac{\partial \overline{A}(\gamma,\ \beta)}{\partial e}=0$$

故当合约制度 $e>1-B/(R\Delta p)$ 时，合约制度的变化对无监督融资的借贷关系不会产生任何影响；当合约制度 $e>1-b/(R\Delta p)$ 时，合约制度的变化对借贷关系不会产生任何影响，此时，最优化问题(3.5)的解与 Holmström 和 Tirole(1997)的结论是一致的。

命题 3.5、命题 3.6、命题 3.7 及图 3.2 显示了合约制度、银行监督与企业融资约束之间的关系：对于自有资金相同的企业家来说，合约制度越好，其受到的融资约束越小。在相同的合约制度下，企业家的自有资金越多，受到的融资约束越小；此外，银行监督将降低企业的融资约束。从经济学的角度来看，当合约制度较好时，合约不完全实施相当于投资者必须向企业家做一笔额外的事后转移，但投资者在事前会采取行动来降低企业家的名义收益以抵消这种事后的转移支付，事后转移没有带来净损失，因此融资成功的充要条件不变。当合约制度差时，实施水平会影响契约的存在性及借贷双方的名义索取权。

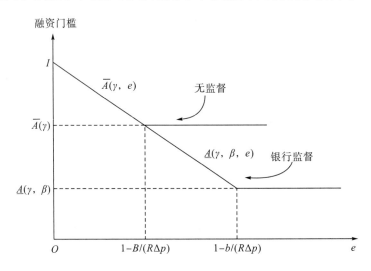

图 3.2　资金实力、合约制度与融资约束

推论 3.6：当 $e\leqslant 1-B/(R\Delta p)$ 时，随着合约制度的变差，资金实力 $A\in\left[\overline{A}(\gamma),\ \overline{A}(\gamma,\ e)\right)$ 的企业家受到的伤害最大，资金实力 $A\in\left[\overline{A}(\gamma),\ \underline{A}(\gamma,\ \beta)\right)$ 的

企业家受到的伤害次之，其余企业家不受合约制度变动的影响。

推论 3.7：当 $e \in [1-B/(R\Delta p), 1-b/(R\Delta p)]$ 时，资金实力 $A \in [\underline{A}(\gamma, \beta),$ $\underline{A}(\gamma, \beta, e))$ 的企业家受合约制度变动的伤害较大；当 $e>1-b/(R\Delta p)$ 时，所有企业家均不受合约制度变动的影响。

证：若合约制度较好，则自有资产 $A \in [\overline{A}(\gamma), \overline{A}(\gamma, e))$ 的企业家可以获得无监督融资，其期望效用为 $p_H R - \gamma I > 0$，自有资产为 $A \in [\underline{A}(\gamma, \beta), \underline{A}(\gamma, \beta, e)]$ 的企业家可以获得银行贷款，其期望效用为 $p_H R - \gamma I - (\beta - \gamma)I_m > 0$，而随着合约制度变差，这些企业家将失去融资能力而变成普通投资者，并获取零利润；而自有资产 $A < \underline{A}(\gamma, \beta)$ 的企业家，无论合约制度如何，都不能获得融资而只能作为普通投资者获取零利润。

推论 3.6 和图 3.3 显示了合约制度和企业家的资金实力与融资方式及企业家福利之间的关系，不难看出，若合约制度差，则资金实力 $A \in [\overline{A}(\gamma), \overline{A}(\gamma, e))$ 的企业家融资不成功而变成普通投资者，获取零利润，他们受到的伤害最大；若合约制度处于中间状态，则资金实力 $A \in [\underline{A}(\gamma, \beta), \underline{A}(\gamma, \beta, e))$ 的企业家将失去融资能力从而获取零利润，受到的伤害次之；当合约制度好时，合约制度的变动不影响企业的融资方式及企业家福利。

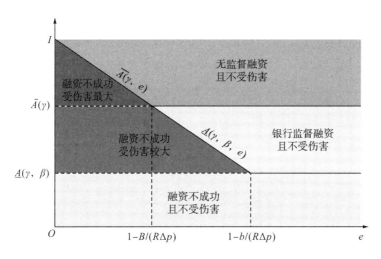

图 3.3　资金实力、合约制度与福利效应

3.4 监督效应分析

为了考察不同合约制度下银行监督对缓解企业融资约束问题所起的作用，用可变监督力度模型来求解监督者的最优监督水平，并考察不同合约制度下的银行监督效应。将 3.1 节的基本假设做如下补充：

● 监督者识别出差项目的概率为 x，一无所知的概率为 $1-x$。

● 有效监督的概率 x 依赖于监督成本函数 $c(x)$，其中[1]，
$$c'(x)>0,\ c''(x)>0,\ c'(0)=0,\ c'(1)=\infty$$

● 缺乏监督的融资是不可行的[2]，即
$$p_H\left(R-\frac{B}{\Delta p}\right)<I-A$$

● 合约制度[3] $e\geqslant 1-B/(R\Delta p)$。

3.4.1 银行的最优监督力度

企业家、银行和普通投资者分别为项目注入资金 A、I_m 和 I_u，其中 $I_u=I-A-I_m$；当项目成功时，企业家、银行和普通投资者获得的利益分别为 R_b、R_m 和 R_u，其中 $R_b+R_m+R_u=R$；当项目失败时，三方获得的利益为零。具体的契约形式为
$$C=\left[I;\ (A;\ I_m;\ I_u);\ ((R_b,\ 0);\ (R_m,\ 0);\ (R_u,\ 0));\ e;\ x\right]$$
则最优契约为下列最优化问题之解：

$$\begin{cases} \max\limits_{R_b,\ x}\ xp_H\left[eR_b+(1-e)R\right]+(1-x)[p_L(eR_b+(1-e)R)+B]-\gamma A \\ \text{s.t} \quad (1)\ b/\Delta p\leqslant eR_b+(1-e)R<B/\Delta p \\ \qquad (2)\left[xp_H+(1-x)p_L\right]eR_m\geqslant c(x) \\ \qquad (3)\left[xp_H+(1-x)p_L\right]e(R-R_b)\geqslant\gamma(I-A)+c(x) \end{cases} \tag{3.6}$$

其中，

● 目标函数为企业家获得的期望净收益。

● 约束条件(1)为引入银行监督且企业家尽职的激励相容约束。

---

[1] 前两式说明监督者的成本函数是递增的凸函数，后两式保证了最优化模型有内点解。

[2] 由于此处考察合约制度对银行监督的影响，因此假设缺乏监督时，企业不能获得融资。

[3] 命题3.3表明，合约制度差时，企业无法获得银行监督融资，本节主要分析不同合约制度对银行监督效应的影响，因此假设 $e\geqslant 1-B/(R\Delta p)$。

● 约束条件(2)为银行的参与约束，激励其实施监督。
● 约束条件(3)为外部投资者的参与约束。

命题 3.8：使项目净现值最大的监督水平 x^* 满足：

$$\Delta pR - B = c'\left(x^*\right) \tag{3.7}$$

证：由于投资者是完全竞争的，银行作为监督者在第 2 期获得零利润，企业家获得全部的项目净现值，故企业家的效用为

$$U_b\left(x\right) = x p_H R + \left(1-x\right)\left(p_L R + B\right) - \gamma I - c\left(x\right)$$

由此得企业家效用最大的监督水平 x^* 满足的一阶条件为

$$\Delta pR - B = c'\left(x^*\right)$$

监督者对监督力度的选择，主要出于以下 3 点考虑：

第一，企业家的租金能不能得到内部化。在决定是否加大监督力度时，大股东的监督会产生两种外部性(Pagano and Roell，1998)，一是监督会对其他缺乏信息的投资者产生正外部效应，监督越多，其他缺乏信息的投资者的索取权就越有价值[1]；二是监督者通过约束或干涉企业家的决策可行集，对企业家产生了一种负的外部效应[2]。

第二，是否打击企业家的积极性。首先，监督者提出的一些创新观点可以弥补企业家新观点的匮乏，这反而会弱化企业家创新的积极性(Aghion and Tirole，1997)。其次，即使监督仅仅只是评估企业家的行动方案是否能增进投资者的价值，仍然会发生过度监督。若企业家预期自己的方案会被系统地调整为增进投资者价值而消除自身私人收益，则企业家就没有动力推动新项目或采取新行动。于是，在保证企业家提出的行动方案能够提升投资者价值和激励企业家而使其有足够积极性之间存在"鱼和熊掌不可兼得"的权衡问题。

第三，强硬立场是否可信。较真的(careful)监督可能会加剧软预算约束问题。在某些情形下，监督者承诺在企业绩效不尽人意时关闭企业，这种承诺能够约束企业家并使之更尽职，但由于事后的再谈判和注入新资本可以使缺乏信息的投资者得益，因此监督者的强硬立场是一种不可置信的威胁。反之，缺乏大监督者一方面会导致再谈判相对困难，另一方面会使项目持续的相关信息难以搜集到，从而会导致投资者对注入新资本持谨慎态度，因此缺乏信息可以充当一种承诺机制。

命题 3.9：当 $e > 1 - b/\left(R\Delta p\right)$ 时，在最优监督力度 x^* 上，企业家获得融资的自有资产最低值为

---

① 事实上，正外部性的强弱依赖于监督者持有的外部股份之大小。若监督者持有企业所有的外部股份，则不存在正的外部性。
② 若监督者持有企业所有的外部股份，负外部效应就会形成过度监督。

$$\overline{A}\left(x^{*}\right)=I-\frac{1}{\gamma}\left[\left(x^{*}p_{H}+\left(1-x^{*}\right)p_{L}\right)\left(R-\frac{b}{\Delta p}\right)-c\left(x^{*}\right)\right] \tag{3.8}$$

证：当 $e>1-b/(R\Delta p)$ 时，$R_{b}>0$ 才能满足企业家的激励相容约束，不妨设在最优监督力度 x^{*} 上，企业家有足够的可保证收入来支付给监督者和投资者，即

$$\left[x^{*}p_{H}+\left(1-x^{*}\right)p_{L}\right]\left[eR-\left(\frac{b}{\Delta p}-(1-e)R\right)\right]\geqslant\gamma\left(I-A\right)+c\left(x^{*}\right)$$

故企业家获得融资的充要条件为

$$A\geqslant I+\frac{1}{\gamma}\left[c\left(x^{*}\right)-\left[x^{*}p_{H}+\left(1-x^{*}\right)p_{L}\right]\left(R-\frac{b}{\Delta p}\right)\right]$$

即

$$\overline{A}\left(x^{*}\right)=I-\frac{1}{\gamma}\left[\left(x^{*}p_{H}+\left(1-x^{*}\right)p_{L}\right)\left(R-\frac{b}{\Delta p}\right)-c\left(x^{*}\right)\right]$$

命题 3.10：当 $e\leqslant1-b/(R\Delta p)$ 时，在最优监督力度 x^{*} 上，企业家获得融资的自有资产最低值为

$$\underline{A}\left(x^{*},e\right)=I-\frac{1}{\gamma}\left\{\left[x^{*}p_{H}+\left(1-x^{*}\right)p_{L}\right]eR-c\left(x^{*}\right)\right\} \tag{3.9}$$

证：当合约制度 $e\leqslant1-b/(R\Delta p)$ 时，$R_{b}=0$ 亦能满足企业家的激励相容约束，此时在最优监督力度 x^{*} 上，约束条件(3)可写为

$$\left[x^{*}p_{H}+\left(1-x^{*}\right)p_{L}\right]eR\geqslant\gamma\left(I-A\right)+c\left(x^{*}\right)$$

故企业家获得融资的充要条件为

$$A\geqslant I-\frac{1}{\gamma}\left[\left(x^{*}p_{H}+\left(1-x^{*}\right)p_{L}\right)eR-c\left(x^{*}\right)\right]$$

即

$$\underline{A}\left(x^{*},\ e\right)=I-\frac{1}{\gamma}\left\{\left[x^{*}p_{H}+\left(1-x^{*}\right)p_{L}\right]eR-c\left(x^{*}\right)\right\}$$

推论 3.8：若最优化问题(3.6)有解，则其解为

$$R_{b}=R-\frac{\gamma\left(I-A\right)+c\left(x^{*}\right)}{e\left[x^{*}p_{H}+\left(1-x^{*}\right)p_{L}\right]}$$

$$R_{m}=\frac{1}{e}\left(R-\frac{B}{\Delta p}\right)$$

$$R_{u}=\frac{\gamma\left(I-A\right)+c\left(x^{*}\right)}{e\left[x^{*}p_{H}+\left(1-x^{*}\right)p_{L}\right]}-\frac{1}{e}\left(R-\frac{B}{\Delta p}\right)$$

证:首先,由命题3.9可知,在合约制度$e>1-b/(R\Delta p)$的情况下,当$A\geqslant\overline{A}(x^*)$时, 最优化问题(3.6)有解;由命题3.10知,在合约制度$e\leqslant1-b/(R\Delta p)$的情况下, 当$A\geqslant\underline{A}(x^*,e)$时,最优化问题(3.6)有解。

其次,在项目可以获得融资的情况下,从监督者的角度考虑,设R_m是项目成功时监督者的回报,那么监督者会选择合适的监督力度使下式最大

$$\left[xp_H+(1-x)p_L\right]eR_m-c(x)$$

由此可知,从监督者的角度而言最优的监督水平满足的一阶条件[①]为

$$\Delta peR_m=c'\left(x^{*m}\right) \tag{3.10}$$

对比式(3.7)与式(3.10),若监督者选择的监督水平为社会最优的监督水平[②],即$x^{*m}=x^*$,则有

$$R_m=\frac{1}{e}\left(R-\frac{B}{\Delta p}\right)$$

由于投资者是完全竞争的,故约束条件(3)取等号,于是

$$R_b=R-\frac{\gamma(I-A)+c(x^*)}{e\left[x^*p_H+(1-x^*)p_L\right]}$$

由此得

$$R_u=\frac{\gamma(I-A)+c(x^*)}{e\left[x^*p_H+(1-x^*)p_L\right]}-\frac{1}{e}\left(R-\frac{B}{\Delta p}\right)$$

由于缺乏监督时企业家无法获得融资,故R_b严格小于$B/\Delta p$,所以

$$R_m<R-R_b$$

这就表明,欲使监督者选择社会最优的监督力度,监督者不应该持有企业的全部股份。反过来说,如果监督者持有全部外部股份,那么监督力度的边际增加对缺乏信息的投资者不会产生正的外部效应,但会使企业家损失$B-\Delta pR_b>0$,故监督者往往监督过度。具体情形如图3.4所示。

图3.4　最优监督力度图

①　一般而言,监督者的最优监督力度与其所获的补偿有关。
②　如果契约设计合理,给监督者的报酬合适,那么从监督者角度和企业家角度而言,最优的监督力度是一样的。

3.4.2　银行的监督效应

本章 3.2、3.3 节已经证明，在一定的合约制度下，银行监督有助于缓解企业所受到的融资约束，那么，在最优的监督力度下，银行监督对企业的融资约束会产生什么影响？不同合约制度下银行对缓解企业融资约束问题所起的作用一样吗？以下命题将对上述问题做出解答。

命题 3.11：在合约制度处于中间状态时，随着合约制度环境变好，企业所受的融资约束变小。

证：首先，由 (3.8) 式和 (3.9) 式可知：

$$\underline{A}\left(x^{*},\ e\right)-\overline{A}\left(x^{*}\right)=\frac{1}{\gamma}\left[\left(x^{*}p_{H}+\left(1-x^{*}\right)p_{L}\right)\left(\left(1-e\right)R-\frac{b}{\Delta p}\right)\right]$$

当 $e\leqslant 1-b/(R\Delta p)$ 时，有

$$\underline{A}\left(x^{*},\ e\right)-\overline{A}\left(x^{*}\right)>0$$

故合约制度好的时候，企业家的融资门槛更低，企业所受的融资约束更小。

其次，当合约制度 $e\leqslant 1-b/(R\Delta p)$ 时，在式 (3.9) 两边对 e 求偏导得

$$\frac{\partial \underline{A}\left(x^{*},\ e\right)}{\partial e}=-\frac{1}{\gamma}\left[\left(x^{*}p_{H}+\left(1-x^{*}\right)p_{L}\right)R\right]<0$$

故合约制度越好，企业家的融资门槛越低（如图 3.5 所示），企业受到的融资约束越小。

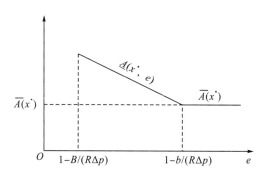

图 3.5　最优监督力度下的合约制度与融资门槛

命题 3.12：银行的监督力度越大，企业所受的融资约束越小。

证：在式 (3.8) 两边对 x^{*} 求偏导得

$$\frac{\partial \overline{A}\left(x^{*}\right)}{\partial x^{*}}=-\frac{1}{\gamma}\left[R\Delta p-b-c'\left(x^{*}\right)\right]=-\frac{1}{\gamma}\left(B-b\right)<0 \tag{3.11}$$

因此，合约制度好时，企业受到的融资约束是银行监督力度的减函数，这意味

着银行监督能有效缓解企业的融资约束。

然后，在式(3.9)两边对 x^* 求偏导得

$$\frac{\partial \underline{A}(x^*, e)}{\partial x^*} = -\frac{1}{\gamma}\left[eR\Delta p - c'(x^*)\right] = -\frac{1}{\gamma}\left[B - (1-e)R\Delta p\right] \qquad (3.12)$$

由于本节假设了 $e > 1 - B/(R\Delta p)$，故

$$\frac{\partial \underline{A}(x^*, e)}{\partial x^*} < 0$$

因此，合约制度处于中间状态时，银行监督亦能有效缓解企业的融资约束问题。

命题 3.13：当合约制度好时，银行监督对缓解企业融资约束问题所起的作用不受合约制度的影响；当合约制度处于中间状态时，银行监督对缓解企业融资约束问题所起的作用随着合约制度变好而减弱。

证：$\partial \overline{A}(x^*)/\partial x^*$ 或 $\partial \underline{A}(x^*, e)/\partial x^*$ 可视为融资约束对银行监督的敏感度，敏感度越高，银行监督对于缓解融资约束问题所起的作用越大，在式(3.11)两边对 e 求偏导得

$$\frac{\partial}{\partial e}\left(\frac{\partial \overline{A}(x^*)}{\partial x^*}\right) = 0$$

说明合约制度好时，银行监督对缓解企业融资约束问题所起的作用不受合约制度的影响。

在式(3.12)两边对 e 求偏导得

$$\frac{\partial}{\partial e}\left(\frac{\partial \underline{A}(x^*, e)}{\partial x^*}\right) = -\frac{R\Delta p}{\gamma} < 0$$

因此，合约制度处于中间状态时，融资约束对银行监督的敏感度随着合约制度变好而降低，表明合约制度越好，银行监督对于缓解企业融资约束问题所起的作用越小。

3.5　数值模拟

3.5.1　最优监督力度与信贷可得性

下面考察银行的最优监督力度及其对企业融资约束的影响。结合本书的假设条件，设 $b = 0.14$，$I = 0.95$，$\gamma = 1.045$，由于 Δp、R、B 将对银行的最优监督力度产生影响，因此这些量在表 3.2 中作为变量出现，在这些参数假设下，

$1-B/(R\Delta p)$ 的最大值为 0.5238，$1-b/(R\Delta p)$ 的最小值为 0.7407，因此取 $e=0.65$，设

$$c(x)=\frac{x^2}{30(1-x)}$$

则 $c(x)$ 满足 $c'(x)>0$，$c''(x)>0$，$c'(0)=0$，$c'(1)=\infty$。

从表 3.2 可以看出，首先，对最优监督力度而言，企业家尽职与卸责时的成功概率之差 Δp 越大，银行的最优监督力度越大；项目成功时的收益 R 越大，最优监督力度越大；企业家卸责时的私人收益 B 越大，最优监督力度越小。这是由于 Δp 或 R 增大，都将有利于提高银行的预期收益，而 B 增大只会增加企业家的代理成本，无益于提高银行的预期收益。其次，表 3.2 的右半部分显示，银行的监督力度越大，企业获得融资的门槛越低，说明企业的融资约束越小，而且，与合约制度好时相比，合约制度处于中间状态时，企业获得融资的门槛更高，说明合约制度好的时候，企业受到的融资约束更小。

表 3.2　最优监督力度与信贷可得性

p_H	p_L	Δp	R	B	x^*	$\overline{A}(x^*)$	$\underline{A}(x^*,\ e)$
0.85	0.45	0.4	1.40	0.35	0.6299	0.2289	0.3229
0.86	0.45	0.41	1.40	0.35	0.6401	0.2146	0.3159
0.87	0.45	0.42	1.40	0.35	0.6495	0.2006	0.3090
0.88	0.45	0.43	1.40	0.35	0.6582	0.1868	0.3021
0.89	0.45	0.44	1.40	0.35	0.6663	0.1731	0.2953
0.90	0.45	0.45	1.40	0.35	0.6738	0.1595	0.2885
0.90	0.45	0.45	1.20	0.35	0.6137	0.3134	0.3891
0.90	0.45	0.45	1.25	0.35	0.6318	0.2748	0.3637
0.90	0.45	0.45	1.30	0.35	0.6475	0.2364	0.3384
0.90	0.45	0.45	1.35	0.35	0.6615	0.1979	0.3134
0.90	0.45	0.45	1.40	0.35	0.6738	0.1595	0.2885
0.90	0.45	0.45	1.45	0.35	0.6850	0.1211	0.2636
0.90	0.45	0.45	1.40	0.30	0.6971	0.1554	0.2861
0.90	0.45	0.45	1.40	0.32	0.6884	0.1568	0.2869
0.90	0.45	0.45	1.40	0.34	0.6789	0.1585	0.2879
0.90	0.45	0.45	1.40	0.36	0.6685	0.1606	0.2892
0.90	0.45	0.45	1.40	0.38	0.6570	0.1632	0.2908
0.90	0.45	0.45	1.40	0.40	0.6442	0.1662	0.2929

3.5.2　合约制度与信贷可得性

设 $p_H=0.9$，$p_L=0.45$，$R=1.4$，$B=0.35$，$b=0.14$，$c=0.2$，$I=1.05$，$\beta=1.1$，$\gamma=1.045$。在这些参数假设下有

$$1 - \frac{B}{R\Delta p} = 0.4444, \ 1 - \frac{b}{R\Delta p} = 0.7778$$

表 3.3 指出当合约制度不同时，企业家的融资能力不同。当合约制度差（$e < 0.4444$）时，企业家只能获得直接融资，且融资能力是合约制度的减函数，说明此时信贷配给现象最严重，企业受到严重的融资约束；当合约制度处于中间状态（$0.4444 \leqslant e < 0.7778$）时，自有资产 $A \geqslant 0.5141$ 的企业家获得直接融资，企业家获得银行监督融资的门槛随着合约制度的变好而降低；当合约制度好（$e \geqslant 0.7778$）时，自有资产 $A \in [0.1313, 0.5141]$ 的企业家获得银行监督融资，自有资产 $A \geqslant 0.5141$ 的企业家获得直接融资，其融资不受合约制度的影响。

表 3.3　合约制度与信贷可得性

e	$\overline{A}(\gamma)$	$\overline{A}(\gamma, \ e)$	$\underline{A}(\gamma, \ \beta)$	$\underline{A}(\gamma, \ \beta, \ e)$	$U_b^*(\gamma)$	$U_b^*(\gamma, \ \beta)$
0.1000	—	0.9294	—	—	0.1628	0.0000
0.2000	—	0.8089	—	—	0.1628	0.0000
0.3000	—	0.6883	—	—	0.1628	0.0000
0.4000	—	0.5677	—	—	0.1628	0.0000
0.4444	0.5141	0.5141	—	—	0.1628	0.0000
0.5000	0.5141	—	—	0.4663	0.1628	0.1428
0.5500	0.5141	—	—	0.4060	0.1628	0.1428
0.6000	0.5141	—	—	0.3457	0.1628	0.1428
0.6500	0.5141	—	—	0.2854	0.1628	0.1428
0.7000	0.5141	—	—	0.2251	0.1628	0.1428
0.7778	0.5141	—	0.1313	0.1313	0.1628	0.1428
0.8000	0.5141	—	0.1313	—	0.1628	0.1428
0.8500	0.5141	—	0.1313	—	0.1628	0.1428
0.9000	0.5141	—	0.1313	—	0.1628	0.1428

从表 3.3 还可以看出，企业家进行直接融资时获得的效用比银行监督融资时获得的效用大，但二者都不受合约制度的影响。

表 3.4 考察了最优监督力度下合约制度对企业融资约束的影响，设 $p_H = 0.9$，$p_L = 0.45$，$R = 1.4$，$B = 0.35$，其余假设与表 3.2 相同，在这些参数假设下，$1 - B/(R\Delta p) = 0.4444$，$1 - b/(R\Delta p) = 0.7778$，$x^* = 0.6738$。从表 3.4 可以看出，当合约制度处于中间状态（$0.4444 \leqslant e < 0.7778$）时，企业获得融资的自有资产最低值随着合约制度变好而减小；当合约制度好（$e \geqslant 0.7778$）时，企业家获得融资的自有资产最低值不受合约制度的影响。此外，一旦企业家获得融资，其福利将不受合约制度的影响。

表 3.4　最优监督力度下合约制度与信贷可得性

e	$\underline{A}(x^{\bullet},\ e)$	$\overline{A}(x^{\bullet})$	$U_b(x^{\bullet})$
0.4444	0.49596	—	0.18177
0.4500	0.49031	—	0.18177
0.5000	0.43985	—	0.18177
0.5500	0.38940	—	0.18177
0.6000	0.33894	—	0.18177
0.6500	0.28849	—	0.18177
0.7000	0.23803	—	0.18177
0.7500	0.18758	—	0.18177
0.7778	0.15954	0.15954	0.18177
0.8000	—	0.15954	0.18177
0.8500	—	0.15954	0.18177
0.9000	—	0.15954	0.18177
0.9500	—	0.15954	0.18177

3.5.3　回报率与信贷可得性

表 3.5 模拟了 3 种合约制度下，银行及普通投资者要求的回报率 β、γ 的变动对企业家的融资及其福利的影响。设 $p_H = 0.9$，$p_L = 0.45$，$R = 1.4$，$B = 0.35$，$b = 0.14$，$c = 0.2$，$I = 1.05$。

表 3.5　回报率与信贷可得性

e	γ	β	$\overline{A}(\gamma)$	$\overline{A}(\gamma,\ e)$	$\underline{A}(\gamma,\ \beta)$	$\underline{A}(\gamma,\ \beta,\ e)$	$U_b^{\bullet}(\gamma)$	$U_b^{\bullet}(\gamma,\ \beta)$
0.20	1.035	1.090	—	0.8065	—	—	0.173	0.0000
0.20	1.040	1.090	—	0.8077	—	—	0.168	0.0000
0.20	1.050	1.090	—	0.8100	—	—	0.158	0.0000
0.20	1.045	1.095	—	0.8089	—	—	0.163	0.0000
0.20	1.045	1.100	—	0.8089	—	—	0.163	0.0000
0.20	1.045	1.105	—	0.8089	—	—	0.163	0.0000
0.55	1.035	1.090	0.5089	—	—	0.3999	0.173	0.1531
0.55	1.040	1.090	0.5115	—	—	0.4013	0.168	0.1497
0.55	1.050	1.090	0.5167	—	—	0.4040	0.158	0.1428
0.55	1.045	1.095	0.5141	—	—	0.4043	0.163	0.1445
0.55	1.045	1.100	0.5141	—	—	0.4060	0.163	0.1428
0.55	1.045	1.105	0.5141	—	—	0.4076	0.163	0.1410
0.80	1.035	1.090	0.5089	—	0.1226	—	0.173	0.1531
0.80	1.040	1.090	0.5115	—	0.1253	—	0.168	0.1497
0.80	1.050	1.090	0.5167	—	0.1306	—	0.158	0.1428
0.80	1.045	1.095	0.5141	—	0.1297	—	0.163	0.1445
0.80	1.045	1.100	0.5141	—	0.1313	—	0.163	0.1428
0.80	1.045	1.105	0.5141	—	0.1330	—	0.163	0.1410

如表 3.5 所示,在给定合约制度时,企业家获得无监督融资的门槛随着的 γ 增大而提高,其福利随着 γ 的增大而减少;企业家获得银行监督融资的门槛随着 γ 或 β 的增大而提高,其福利随着 γ 或 β 的增大而减少,合约制度越好,企业家获得银行信贷的门槛越低,企业所受的融资约束也越小。

3.6　本　章　小　结

本章利用固定投资分析框架,从企业的信贷可得性入手,深入分析了合约制度、银行监督对企业的融资约束和企业家福利所产生的影响及银行的监督效应。主要结论如下:

(1)从企业家做出投资决策之前的事前阶段来看,合约制度由差变好对资金非常薄弱或资金雄厚的企业家没有任何影响,而对资金较弱的企业家来说,好的合约制度可以提高其信贷可得性,由此减小其融资约束,从而获得正效应。

(2)若合约制度差,则除资金实力很强的企业家外,其余企业家将很难获得无监督融资;而所有企业家都将无法获得银行监督融资,原因在于监督需要花费成本,而监督者的基本利益在差的合约制度下得不到保障,此时企业受到的融资约束最大。随着合约制度变好,企业家的信贷可得性逐渐提高,其面临的融资约束不断减小,当合约制度变好到一定程度后,企业家的融资及福利均与合约制度无关。

(3)当合约制度差时,企业家为了获得外部融资必须向外部投资者做出巨大的让步,且企业的资金实力越弱,向投资者做出的让步就越大。对于资金实力相同的企业家而言,合约制度变好可以减少企业家向投资者(或监督者)做出的让步。

(4)在相同的合约制度下,与无监督融资相比,银行监督有利于资金实力弱的企业家获得融资,从而缓解企业的融资约束。银行或普通投资者要求的回报率增大都将增大企业的融资约束,从而对资金实力处于边缘的企业家产生逐出效应。

(5)银行的监督力度越大,企业的融资约束越小;当合约制度好时,银行监督对缓解企业融资约束问题所起的作用不受合约制度的影响;当合约制度处于中间状态时,银行监督对缓解企业融资约束问题所起的作用随着合约制度变好而减弱。

第4章 银行监督与企业的借款能力

　　企业有两项最基本的财务活动：投资与融资，因此企业的利益与其投资活动是密不可分的。投资规模可反映企业家的借款能力，是企业面临融资约束与否的直接体现。自有资金充裕的企业，一般情况下其投资规模较大，投融资双方信息不对称程度较低，代理成本小，因此企业的融资约束也较小；对于自有资金少的企业，投资规模也较小，信息非对称程度高，而银行监督恰好能降低这种信息非对称程度，因此这类企业必须借助于银行监督才能缓解其融资约束问题。契约执行程度受到合约制度的影响，好的合约制度可以防止投资者的利益被侵占，从而提高投资者的投资意愿，进一步增大企业的借款能力、缓解企业的融资约束问题。

　　上一章利用固定投资分析框架，从信贷可得性的视角分析了合约不完全实施情形下银行监督对企业融资约束的影响。借鉴 Holmström 和 Tirole(1997) 的可变投资分析框架及 Pagano 和 Roell(1998) 的可变监督力度模型，本章建立了一个包含合约制度的可变投资模型，从企业借款能力的视角进一步分析合约不完全实施情形下银行监督对企业融资约束的影响。

　　本章 4.1 节为基本假设。4.2 节讨论了无监督融资时合约制度对企业家借款能力的影响。4.3 节对比分析了不同合约制度下无监督融资及银行监督融资对企业融资约束的影响差异。4.4 节通过可变投资分析框架下的可变监督力度模型进一步讨论了合约制度与企业融资约束之间的关系及不同合约制度下银行监督对缓解企业融资约束问题所起的作用。4.5 节是数值模拟，主要通过数值计算验证了理论部分的一些重要结论。4.6 节对本章的主要内容做了总结。

4.1　基　本　假　设

- 参与者：企业家、银行和普通投资者。
- 企业家组成一个测度为 1 的连续统。
- 时期：两期。不妨记为 $t = 1, 2$，其中第 1 期投资，第 2 期获得收益。
- 企业家选择投资规模 $I \in [0, +\infty)$，并且都需要向外部融资。

● 每一个企业家具有相同的规模报酬不变的生产技术[①]，唯一不同的是企业家的初始资产 A。不妨设 A 服从区间 $[0, +\infty)$ 上的连续分布，累积分布函数和密度函数分别为 $G(A)$ 和 $g(A)$。

● 投资项目有 3 种类型，见表 4.1。

表 4.1　投资项目类型表

指标	G 项目	b 项目	B 项目
成功概率	p_H	p_L	p_L
失败概率	$1 - p_H$	$1 - p_L$	$1 - p_L$
私人收益	0	b	B

● 项目投资具有风险：如果实施，可能会成功，也可能会失败。成功时产生与投资额成比例的利润 RI，失败时不产生任何收入。

● 项目成功的概率受到企业家工作努力程度的影响，但企业家的工作努力程度是不可观察的，当企业家尽职时，项目成功的概率为 p_H，企业家没有私人收益；当企业家卸责时，项目成功的概率为 p_L，企业家获得私人收益。不妨记 $\Delta p = p_H - p_L > 0$。

● 企业家具有讨价还价的能力，其提出一个"投资者要么接受、要么拒绝"的融资契约。

● 普通投资者及充当监督职能的银行均包括连续数目的个体。

● 如果没有监督，则企业家卸责的私人收益为 BI；如果存在监督，则企业家卸责的私人收益降至 bI，其中 $B > b > 0$。

● 监督资本是稀缺的，且监督成本为 cI，其中 $c > 0$。

● 普通投资者是无信息的分散个体，其不会搜集信息，仅仅是监督活动的搭便车者。

● 普通投资者要求的资金收益率为 γ，银行要求的资金收益率为 β，且有 $\beta > \gamma$。

● 企业家尽职时，项目净现值为正；企业家卸责时，项目净现值为负且单位投资的可保证收入不足以补偿贷款的本利，即

$$\rho_1 > \gamma > \max\{p_L R + B, \ \rho_0\}$$

其中，$\rho_1 = p_H R$ 表示单位投资的预期收益率；$\rho_0 = p_H(R - B/\Delta p)$ 表示单位投资的预期可保证收入。

[①]　做规模报酬不变的假设会抹杀企业之间的资产差异，除规模成比例外，企业是同质的。

● 设 $\rho_1 > p_L R + (b + c)$ 。

● 监督者和普通投资者的名义索取权被实施的概率均为 e 。其中，参数 $e \in [0, 1]$ 为合约制度，表示合约实施水平的高低。

● 当 $e > 1 - b / (R \Delta p)$ 时，设[1]

$$p_H R < \frac{p_H b}{\Delta p} + \frac{p_H c}{\Delta p}\left(1 - \frac{\gamma}{\beta}\right) + \gamma$$

● 当 $e \leqslant 1 - b / (R \Delta p)$ 时，设

$$p_H e R < \frac{p_H c}{\Delta p}\left(1 - \frac{\gamma}{\beta}\right) + \gamma$$

● 当 γ 是外生时，对任意小的 c 都有[2]

$$\frac{p_H c}{\Delta p(p_H R - \gamma)}\left(1 - \frac{\gamma}{\beta}\right) < \frac{B - b}{B}$$

● 监督者和普通投资者都是风险中性的。

● 企业家是风险中性的且受到有限责任的保护。

● 投资者市场是完全竞争的。

经济活动与第 3 章相似，唯一不同的是投融资各方签订融资契约后，需根据契约决定投资规模，然后进行投资，博弈时序如图 4.1 所示。

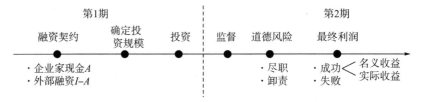

图 4.1   可变投资模型的博弈时序图

4.2   无监督融资

当企业家向无信息的普通投资者融资时，称之为无监督融资。项目的投资规模为 $I(A)$ 。其中，自有资产为 A 的企业家和普通投资者分别为项目投资 A 和 I_u^n ，即 $I(A) = A + I_u^n$ 。不妨设自有资产为 A 的企业家和普通投资者之间的融资契约如下：当项目获得成功时，企业家和普通投资者对最终利润的名义索取权分别为 R_b^n 和 R_u^n ，且 $R_b^n + R_u^n = RI$ ；项目失败时双方获得的利益均为零。因此，自有资金为 A 的企业家和投资者的融资契约为

---

① 此假设是为了保证均衡投资规模有限，即每单位投资的期望净收益小于每单位投资的代理成本。

② 该条件成立可以保证合约实施水平较高时，监督融资优于无监督融资。

$$C = \left[I(A);\ (A,\ I_u^n);\ ((R_b^n,\ 0);\ (R_u^n,\ 0));\ e \right]$$

企业家可以将利润中的一部分转移而不受任何惩罚。其中，R_b^n 表示企业家的名义或合约化收益，RI 表示企业家的实际收益。企业家获得名义收益 R_b^n 的概率为 e，获得实际收益 RI 的概率为 $1-e$。合约不完全实施的假设表明，投资者不能得到最终利润的名义索取权中的全部收益。

对于上述间接融资契约 C，企业家的最优融资契约为下列最优化问题之解：

$$\begin{cases} \max\limits_{C}\ p_H\left[eR_b^n + (1-e)RI(A) \right] - \gamma A \\ \text{s.t. }(1)\ p_H\left[eR_b^n + (1-e)RI(A) \right] \geqslant p_L\left[eR_b^n + (1-e)RI(A) \right] + BI(A) \quad (4.1) \\ \quad\ \ (2)\ p_H e\left[RI(A) - R_b^n \right] \geqslant \gamma\left[I(A) - A \right] \end{cases}$$

其中，

- 目标函数是企业家根据契约所获得的期望净收益。
- 约束条件(1)表示企业家的激励相容约束，激励其努力而不是卸责，可以化简为

$$eR_b^n + (1-e)RI(A) \geqslant \frac{BI(A)}{\Delta p} \qquad (4.2)$$

- 约束条件(2)是外部投资者的参与约束条件。

根据合约制度的不同，式(4.2)可以分为两种情况：

$$(1-e)RI(A) \geqslant \frac{BI(A)}{\Delta p} \Rightarrow e \leqslant 1 - \frac{B}{R\Delta p}$$

$$(1-e)RI(A) < \frac{BI(A)}{\Delta p} \Rightarrow e > 1 - \frac{B}{R\Delta p}$$

沿用第 3 章对合约制度的划分：合约制度差是指 $e \in \left[0,\ 1 - B/(R\Delta p) \right]$，合约制度较差是指 $e \in \left[0,\ 1 - b/(R\Delta p) \right]$，合约制度处于中间状态是指 $e \in (1 - B/(R\Delta p),\ 1 - b/(R\Delta p)]$，合约制度较好是指 $e \in (1 - B/(R\Delta p),\ 1]$，合约制度好是指 $e \in (1 - b/(R\Delta p),\ 1]$。以下部分将在不同和约制度下讨论最优化问题(4.1)的解。

当合约制度较好时，最优化问题(4.1)的解可以归结为以下引理。

引理 4.1：当合约制度 $e > 1 - B/(R\Delta p)$ 时，企业家的最优投资规模为

$$I_s^{n^*}(A) = k_s^n(\gamma)A$$

其中，

$$k_s^n(\gamma) = \cfrac{1}{1 - \cfrac{p_H\left(R - \dfrac{B}{\Delta p} \right)}{\gamma}}$$

证：当合约制度 $e>1-B/(R\Delta p)$ 时，$R_b^n>0$ 才能满足企业家的激励相容约束条件，在最优化问题 (4.1) 中，将约束条件 (1) 取等号代入约束条件 (2) 得

$$p_H\left(RI-\frac{BI}{\Delta p}\right)\geqslant \gamma(I-A)$$

由于投资者没有议价权，故约束条件 (2) 取等号，得

$$p_H\left(RI-\frac{BI}{\Delta p}\right)-\gamma I=-\gamma A$$

由此可得企业家的最优投资规模为

$$I_s^{n*}(A)=\frac{A}{1-\dfrac{p_H\left(R-\dfrac{B}{\Delta p}\right)}{\gamma}}$$

记股权乘子为

$$k_s^n(\gamma)=\frac{1}{1-\dfrac{p_H\left(R-\dfrac{B}{\Delta p}\right)}{\gamma}}=\frac{1}{1-\dfrac{\rho_0}{\gamma}}$$

显然，$k_s^n(\gamma)>1$。此时最优投资规模为

$$I_s^{n*}(A)=k_s^n(\gamma)A$$

推论 4.1：当 $e>1-B/(R\Delta p)$ 时，企业家的期望净效用为

$$U_b^{sn*}=\left[\frac{p_H B k_s^n(\gamma)}{\Delta p}-\gamma\right]A$$

证：当合约制度 $e>1-B/(R\Delta p)$ 时，根据引理 4.1 可知最优化问题 (4.1) 的次优解为

$$R_b^{ns*}=\left[k_s^n(\gamma)R+\frac{\gamma(1-k_s^n(\gamma))}{p_H e}\right]A$$

$$R_u^{ns*}=\frac{(k_s^n(\gamma)-1)\gamma A}{p_H e}$$

故企业家的期望净效用为

$$U_b^{sn*}=p_H\left[eR_b^{ns*}+(1-e)RI(A)\right]-\gamma A$$
$$=(p_H R-\gamma)k_s^n(\gamma)A$$

当合约制度 $e\leqslant 1-B/(R\Delta p)$ 时，最优化问题 (4.1) 的解与合约制度 $e>1-B/(R\Delta p)$ 时有较大差异，将其归结为以下引理。

引理 4.2：当 $e\leqslant 1-B/(R\Delta p)$ 时，企业家的最优投资规模为

$$I_w^{n*}(A) = k_w^n(\gamma, \ e)A$$

其中,

$$k_w^n(\gamma, \ e) = \dfrac{1}{1 - \dfrac{p_H eR}{\gamma}}$$

证：当 $e \leqslant 1 - B/(R\Delta p)$ 时，有 $(1-e)RI \geqslant BI/\Delta p$，因此 $R_b = 0$ 亦能满足企业家的激励相容约束条件，故最优化问题(4.1)的约束条件(2)可写为

$$p_H eRI(A) = \gamma[I(A) - A]$$

由此可得最优化问题(4.1)的次优解为

$$I_w^{n*}(A) = \dfrac{A}{1 - \dfrac{p_H eR}{\gamma}}$$

记

$$k_w^n(\gamma, \ e) = \dfrac{1}{1 - \dfrac{p_H eR}{\gamma}}$$

显然 $k_w^n(\gamma) \geqslant 1$。此时企业家的最优投资规模为

$$I_w^{n*}(A) = k_s^n(\gamma, \ e)A$$

则企业家和普通投资者所得份额分别为

$$R_b^{nw*} = 0, \quad R_u^{nw*} = RI(A)$$

最优契约表明，企业家的最优投资规模是其自有资金 A 的 k 倍，借款额相当于其现金水平的 $L = (k-1)$ 倍。

定义 4.2.1：企业家的最大借款额 LA 称为借款能力。

定义 4.2.1 说明，企业的最优投资规模越大，其借款能力越强、融资约束越小。

推论 4.2：在无监督融资过程中，当合约制度较好时，企业的融资约束与合约制度无关；当合约制度差时，企业的融资约束随着合约制度变好而减小。

证：首先，当合约制度 $e > 1 - B/(R\Delta p)$ 时，企业家的借款能力为

$$LA = \dfrac{p_H\left(R - \dfrac{B}{\Delta p}\right)}{\gamma - p_H\left(R - \dfrac{B}{\Delta p}\right)}$$

且

$$\dfrac{\partial LA}{\partial e} = 0$$

故合约制度较好时，企业的融资约束与合约制度无关。

其次，当合约制度 $e \leqslant 1 - B/(R\Delta p)$ 时，企业家的借款能力可表述为

$$LA = \frac{p_H eRA}{\gamma - p_H eR}$$

且

$$\frac{\partial LA}{\partial e} = \frac{p_H RA\gamma}{\left(\gamma - p_H eR\right)^2} > 0$$

故合约制度差时，企业的融资约束随着合约制度变好而减小。

由于企业家的最优投资规模与借款能力只相差自有资金 A，因此，最优投资规模亦可很好地描述企业家的借款能力，本书余下部分在度量企业的融资能力时不再区分 LA 或 $I^*(A)$。

因为

$$\frac{I_s^*(A)}{I_w^*(A)} = \frac{1 - \dfrac{p_H eR}{\gamma}}{1 - \dfrac{p_H\left(R - \dfrac{B}{\Delta p}\right)}{\gamma}}$$

$$= \frac{\gamma - p_H eR}{\gamma - p_H\left(R - \dfrac{B}{\Delta p}\right)}$$

且当 $e \leqslant 1 - B/(R\Delta p)$ 时

$$\frac{I_s^*(A)}{I_w^*(A)} \geqslant 1$$

当 $e = 1 - B/(R\Delta p)$ 时

$$I_w^*(A) = I_s^*(A)$$

因此在既定的回报率下，当合约制度差时，借款能力随着合约制度的变好而增大，当合约制度变好到 $e > 1 - B/(R\Delta p)$ 时，借款能力与合约制度无关，融资约束则与借款能力同步反向变动。

推论 4.3：当 $e \leqslant 1 - B/(R\Delta p)$ 时，企业家的期望净效用为

$$U_b^{wn*} = \left(p_H R - \gamma\right)k_w^n(\gamma, e)A$$

证：将 $I_w^{n*}(A)$ 的表达式代入式 (4.1) 可得企业家的期望净效用为

$$U_b^{wn*} = \left(p_H R - \gamma\right)I(A) = \left[p_H R - \gamma\right]k_w^n(\gamma, e)A$$

由推论 4.2 及图 4.2 可知，企业家的借款能力与自有资产成正比，当合约制度较好时，其借款能力大于合约制度差时的借款能力。比较不同合约制度下的次优解，发现当合约制度差时，企业家的借款能力减小，因此融资约束增大。

究其原因，主要是合约不完全实施相当于投资者必须向企业家出让一笔额外的事后转移，合约制度越差，这笔事后转移越大。但投资者会在事前采取行动来降低企业家的名义收益以抵消这种事后的转移支付，这也解释了合约制度差时 $R_b^{nw} = 0$ 的原因。

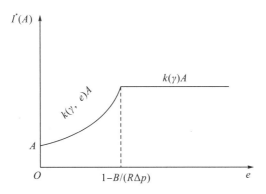

图 4.2　无监督融资下的合约制度与借款能力

4.3　银行监督融资

4.3.1　企业的借款能力

设项目的投资规模为 $I(A)$，其中企业家、银行和普通投资者分别为项目投资 A、I_m、I_u，即 $I(A) = A + I_m + I_u$。

不妨设资产为 A 的企业家、银行和普通投资者之间的融资契约如下：当项目获得成功时，企业家、银行和普通投资者对最终利润的名义索取权分别为 R_b、R_m 和 R_u，且 $R_b + R_m + R_u = RI$；项目失败时三方获得的利益均为零。

自有资金为 A 的企业家、银行和无信息投资者的融资契约为

$$C = \left[I(A);\ (A,\ I_m,\ I_u);\ ((R_b,\ 0);\ (R_m,\ 0);\ (R_u,\ 0));\ e \right]$$

其中，R_b 表示企业家的名义或者合约化收益；RI 表示企业家的实际收益。企业家获得名义收益 R_b 的概率为 e，获得实际收益 RI 的概率为 $1-e$。合约不完全实施的假设表明，投资者不能得到最终利润的名义索取权中的全部收益。设[1]

$$eR_b + (1-e)RI(A) < \frac{BI}{\Delta p}$$

对于上述间接融资契约 C，企业家的最优融资契约为下列最优化问题之解：

---

[1]　否则不用监督企业家也会尽职。

$$\begin{cases} \max_{C} \ p_H\left[eR_b+(1-e)RI(A)\right]-\gamma A \\ \text{s.t.} \ \ (1)\ p_H\left[eR_b+(1-e)RI(A)\right] \geqslant p_L\left[eR_b+(1-e)RI(A)\right]+bI(A) \\ \quad\quad (2)\ p_H eR_m \geqslant \beta I_m \\ \quad\quad (3)\ p_H eR_m-cI(A) \geqslant p_L eR_m \\ \quad\quad (4)\ p_H e\left[RI(A)-R_m-R_b\right] \geqslant \gamma\left[I(A)-I_m-A\right] \end{cases} \tag{4.3}$$

其中，

● 目标函数是企业家根据契约所获得的期望净收益。

● 约束条件(1)表示企业家的激励相容约束，激励其努力而不是卸责，可以化简为

$$eR_b+(1-e)RI(A) \geqslant \frac{bI(A)}{\Delta P} \tag{4.4}$$

● 约束条件(2)是银行的参与约束。可以化简为

$$I_m \geqslant \frac{p_H eR_m}{\beta}$$

● 约束条件(3)是银行的激励约束，激励其实施监督。可以化简为

$$eR_m \geqslant \frac{cI(A)}{\Delta P}$$

● 约束条件(4)是普通投资者的参与约束。由于在均衡时该约束条件取等号，故又被称为投资者的零利润条件。

根据合约制度的好坏，式(4.4)可以分为两种情况：一种是

$$(1-e)RI(A) \geqslant \frac{bI(A)}{\Delta P} \Rightarrow e \leqslant 1-\frac{b}{R\Delta p}$$

另一种是

$$(1-e)RI(A) < \frac{bI(A)}{\Delta P} \Rightarrow e > 1-\frac{b}{R\Delta p}$$

下面根据合约制度的不同情况来讨论最优化问题(4.3)的解，并归结为以下命题。

命题4.1：当 $e > 1-b/(R\Delta p)$ 时，自有资产为 A 的企业家的最优投资规模为其净资产 A 的倍数，且与合约制度无关，即

$$I_s^*(A)=k_s(\gamma,\ \beta)A$$

其中，

$$\frac{1}{k_s(\gamma,\ \beta)}=1-\frac{p_H c}{\beta\Delta p}-\frac{p_H}{\gamma}\left[R-\frac{b+c}{\Delta p}\right] \tag{4.5}$$

证：由约束条件(1)可得

$$eR_b \geqslant \left[\frac{b}{\Delta p} - (1-e)R \right] I(A) \tag{4.6}$$

由于资本市场是完全竞争的，故最优化问题(4.3)中的约束条件(2)、(3)取等号，即

$$eR_m = \frac{cI(A)}{\Delta p}, \quad I_m = \frac{p_H cI(A)}{\beta \Delta p}$$

又由于 $e > 1 - b/(R\Delta p)$，即 $(1-e)RI < bI/(\Delta p)$，此时 $R_b > 0$ 才能满足企业家的激励相容约束条件，故约束条件(4)可写为

$$p_H RI(A) - \frac{p_H(b+c)I(A)}{\Delta p} = \gamma \left[I(A) - \frac{p_H cI(A)}{\beta \Delta p} - A \right]$$

由此可得

$$I_s^*(A) = \frac{A}{1 - \dfrac{p_H c}{\beta \Delta p} - \dfrac{p_H\left(R - \dfrac{b+c}{\Delta p}\right)}{\gamma}}$$

即

$$I_s^*(A) = k_s(\gamma, \beta)A$$

其中，

$$k_s(\gamma, \beta) = \frac{1}{1 - \dfrac{p_H c}{\beta \Delta p} - \dfrac{p_H\left(R - \dfrac{b+c}{\Delta p}\right)}{\gamma}} > 1$$

故命题得证。

下面来求合约制度 $e \geqslant 1 - b/(R\Delta p)$ 时最优化问题(4.3)的解。由约束条件(2)、(3)取等号代入约束条件(4)得

$$eR_b \leqslant \left[eR - \frac{c}{\Delta p}\left(1 - \frac{\gamma}{\beta}\right) - \frac{\gamma}{p_H} \right] I(A) + \frac{\gamma A}{p_H}$$

由此可知普通投资者的参与约束直线(记为 L_1)的截距为 $\gamma A/p_H$，斜率为

$$eR - \frac{c}{\Delta p}\left(1 - \frac{\gamma}{\beta}\right) - \frac{\gamma}{p_H}$$

由式(4.6)可知企业家的激励约束直线(记为 L_2)的截距为 0，斜率为

$$\frac{b}{\Delta p} - (1-e)R$$

根据假设条件可知直线 L_2 的斜率大于直线 L_1 的斜率，即

$$\frac{b}{\Delta p}-(1-e)R>eR-\frac{c}{\Delta p}\left(1-\frac{\gamma}{\beta}\right)-\frac{\gamma}{p_H}$$

因此，当 $A\geq 0$ 时，可行契约集 ODF 一定是非空的，如图 4.3 所示。

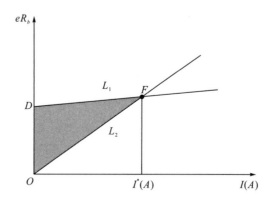

图 4.3　合约制度好时的可行契约集

由最优化问题(4.3)的目标函数可知 $R_b>0$ 和 I 越大越好，因此点 F 构成最优契约，即

$$R_b^{s*}=\left[R-\left(1-\frac{\gamma}{\beta}\right)\frac{c}{e\Delta p}-\frac{\gamma}{p_He}\right]k_s(\gamma,\ \beta)A+\frac{\gamma A}{p_He}$$

由此得最优化问题(4.3)的解为

$$R_m^{s*}=\frac{cI_s(A)}{e\Delta p},\ \ R_u^{s*}=\left(\frac{\gamma}{p_H}-\frac{\gamma c}{\beta\Delta p}\right)I_s(A)-\frac{\gamma A}{p_He}$$

$$I_m^{s*}=\frac{p_HcI_s(A)}{\beta\Delta p},\ \ I_u^{s*}=\left(1-\frac{p_Hc}{\beta\Delta p}\right)I_s(A)-A$$

命题 4.2：当 $e\leq 1-b/(R\Delta p)$ 时，自有资产为 A 的企业家的最优投资规模为其净资产 A 的倍数，且受合约制度的影响，即

$$I_w^*(A)=k_w(\gamma,\ \beta,\ e)A$$

其中，

$$\frac{1}{k_w(\gamma,\ \beta,\ e)}=1-\frac{p_Hc}{\beta\Delta p}-\frac{p_H}{\gamma}\left(eR-\frac{c}{\Delta p}\right) \tag{4.7}$$

证：由于投资者没有议价权，故约束条件(2)取等号，得

$$eR_b=\left[eR-\frac{\gamma}{p_H}-\frac{(\beta-\gamma)c}{\beta\Delta p}\right]I(A)+\frac{\gamma A}{p_H} \tag{4.8}$$

将式(4.8)代入目标函数得企业家的期望净效用为

$$\left[p_H R - \gamma - (\beta - \gamma)\frac{p_H c}{\beta \Delta p} \right] I(A) \tag{4.9}$$

由约束条件(1)可得

$$eR_b \geqslant \left[\frac{b}{\Delta p} - (1-e)R \right] I(A)$$

记

$$L_1: \quad eR_b = \left[eR - \frac{\gamma}{p_H} - \frac{(\beta-\gamma)c}{\beta \Delta p} \right] I(A) + \frac{\gamma A}{p_H}$$

$$L_2: \quad eR_b = \left[\frac{b}{\Delta p} - (1-e)R \right] I(A)$$

其中，L_1 是普通投资者的零利润线；L_2 是企业家的激励约束线。当合约制度 $e \leqslant 1 - b/(R\Delta p)$ 时，由假设条件可知两直线的斜率满足：

$$\left[\frac{b}{\Delta p} - (1-e)R \right] < \left[eR - \frac{\gamma}{p_H} - \frac{(\beta-\gamma)c}{\beta \Delta p} \right] < 0$$

而直线 L_1 的截距：

$$\frac{\gamma A}{p_H} > 0$$

　　如图 4.4 所示，最优化问题的解应该在直线 L_2 的上方且在直线 L_1 上，由 R_b 及 I 的非负性可知，次优解在线段 DE 上，由式(4.9)可知 I 越大时企业家的期望净效用越大，也就是说 $R_b = 0$ 时企业家的期望净效用最大，因此最优化问题(4.3)的最优投资规模为

$$I_w^*(A) = \frac{A}{1 - \dfrac{p_H c}{\beta \Delta p} - \dfrac{p_H\left(eR - \dfrac{c}{\Delta p}\right)}{\gamma}}$$

即

$$I_w^*(A) = k(\gamma, \ \beta, \ e)A$$

其中，

$$k_w(\gamma, \ \beta, \ e) = \frac{1}{1 - \dfrac{p_H c}{\beta \Delta p} - \dfrac{p_H\left(eR - \dfrac{c}{\Delta p}\right)}{\gamma}}$$

故命题得证。

　　结合引理 4.2 及命题 4.2 可知合约制度 $e \leqslant 1 - b/(R\Delta p)$ 时最优化问题(4.6)

的次优解为

$$R_b^{w*} = 0, \quad R_m^{w*} = \frac{cI_w(A)}{e\Delta p}, \quad R_u^{w*} = R - \frac{c}{e\Delta p}I_w(A)$$

$$I_m^{w*} = \frac{p_H cI_w(A)}{\beta\Delta p}, \quad I_u^{w*} = \left[1 - \frac{p_H c}{\beta\Delta p}\right]I_w(A) - A$$

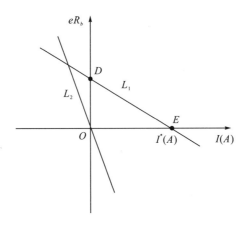

图 4.4   合约制度较差时的可行契约集

命题 4.1、命题 4.2 中的 $k_s(\gamma, \beta)$ 和 $k_w(\gamma, \beta, e)$ 表示股权乘子（multiplier）。显然股权乘子与私人收益、监督者的监督成本及回报率、普通投资者的回报率有关，在既定的回报率下，私人收益及监督成本越高，乘子越小；似然率越高，乘子越大。企业家可以通过股权乘子调节投资，股权乘子越大，投资规模越大，意味着企业家的借款能力越小，融资约束越小。

4.3.2   企业的融资约束

下面进一步讨论在合约制度的影响下，银行监督与企业融资约束之间的关系。

命题 4.3：在银行监督融资过程中，若合约制度较差，则企业家的融资约束随着合约制度变好而减小，且当合约制度变好到 $e > 1 - b/(R\Delta p)$ 时，企业家的融资约束与合约制度无关。

证：为方便讨论，这里用最优投资规模来代替借款能力。首先，

$$\frac{\partial I_w^*(A)}{\partial e} = \frac{\partial k_w(\gamma, \beta, e)A}{\partial e} = \left[k_w(\gamma, \beta, e)\right]^2 \frac{p_H RA}{\gamma} > 0$$

$$\frac{\partial I_s^*(A)}{\partial e} = \frac{\partial k_s(\gamma, \beta)A}{\partial e} = 0$$

其次，当合约制度较差时，有

$$\frac{1}{k_w(\gamma,\ \beta,\ e)}-\frac{1}{k_s(\gamma,\ \beta)}=\frac{p_H}{\gamma}\left[(1-e)R-\frac{b}{\Delta p}\right]\geqslant 0$$

而

$$I_s^*(A)-I_w^*(A)=\left[k_s(\gamma,\ \beta)-k_w(\gamma,\ \beta,\ e)\right]A$$

故

$$I_s^*(A)-I_w^*(A)\geqslant 0$$

这就表明企业的借款能力随着合约制度的变好而增大,当合约制度变好到一定程度后,借款能力与合约制度无关,而融资约束和借款能力同步反向变动,故命题得证。

推论 4.4:当合约制度差到一定程度时,企业家完全丧失了借款能力,此时企业的融资约束最大。

证:由式(4.7)可知,若

$$e\geqslant\frac{c}{R\Delta p}\left(1-\frac{\gamma}{\beta}\right)$$

则

$$k_w(\gamma,\ \beta,\ e)\geqslant 1$$

否则

$$k_w(\gamma,\ \beta,\ e)<1$$

假设条件表明

$$\frac{c}{R\Delta p}\left(1-\frac{\gamma}{\beta}\right)<1-\frac{b}{R\Delta p}$$

命题 4.3、推论 4.4 表明,在既定的回报率下,对于初始资产 A 相同的企业家而言,合约制度较差时,企业家的借款能力也较小,此时企业的融资约束较大;随着合约制度变好,企业家的借款能力越来越强,企业的融资约束逐渐减小;当合约制度 $e>1-b/(R\Delta p)$ 时,企业家的借款能力达到最大且不再随着合约制度的变化而变化,此时企业的融资约束最小;如图 4.5 所示,合约制度好时,企业家的借款能力大于合约制度较差时的值。当合约制度 $e<c(1-\gamma/\beta)/(R\Delta p)$ 时,企业家的最优投资规模低于其自有资金 A,说明企业家丧失了融资能力,此时,企业面临的融资约束最大。

引理 4.3:当合约制度 $e>c/(R\Delta p)$ 时,银行要求的回报率 β 或普通投资者要求的回报率 γ 增大都将增大企业的融资约束。

证:首先,在式(4.5)两边同时对 γ 求偏导可得

$$\frac{\partial k_s(\gamma, \ \beta)}{\partial \gamma} = -\frac{p_H\left(R - \dfrac{b+c}{\Delta p}\right)k_s^2(\gamma, \ \beta)}{\gamma^2} < 0$$

故

$$\frac{\partial I_s^*(A)}{\partial \gamma} = \frac{\partial k_s(\gamma, \ \beta)A}{\partial \gamma} < 0$$

在式(4.7)两边同时对 β 求偏导得

$$\frac{-\dfrac{\partial k_w(\gamma, \ \beta, \ e)}{\partial \gamma}}{k_w^2(\gamma, \ \beta, \ e)} = \frac{p_H\left(eR - \dfrac{c}{\Delta p}\right)}{\gamma^2}$$

即

$$\frac{\partial k_w(\gamma, \ \beta, \ e)}{\partial \gamma} = \frac{-p_H\left(eR - \dfrac{c}{\Delta p}\right)k_w^2(\gamma, \ \beta, \ e)}{\gamma^2}$$

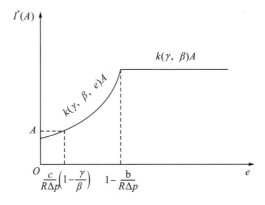

图 4.5 银行监督融资下的合约制度与借款能力

当 $e > c/(R\Delta p)$ 时，有

$$\frac{\partial k_w(\gamma, \ \beta, \ e)}{\partial \gamma} < 0$$

此时

$$\frac{\partial I_w^*(A)}{\partial \gamma} = \frac{\partial k_w(\gamma, \ \beta, \ e)A}{\partial \gamma} < 0$$

其次，在式(4.5)两边同时对 β 求偏导可得

$$\frac{\partial k_s(\gamma, \ \beta)}{\partial \beta} = \frac{-p_H c k_s^2(\gamma, \ \beta)}{\gamma^2 \Delta p} < 0$$

故

$$\frac{\partial I_s^*(A)}{\partial \beta} = \frac{\partial k_s(\gamma, \ \beta)A}{\partial \beta} < 0$$

最后，在式(4.7)两边同时对 β 求偏导可得

$$\frac{\partial k_w(\gamma, \ \beta, \ e)}{\partial \beta} = \frac{-p_H c k_w^2(\gamma, \ \beta, \ e)}{\beta^2 \Delta p} < 0$$

故

$$\frac{\partial I_w^*(A)}{\partial \beta} = \frac{\partial k_w(\gamma, \ \beta, \ e)A}{\partial \beta} < 0$$

故命题得证。

引理 4.4：在银行监督融资模型中，当合约制度 $e > 1 - b/(R\Delta p)$ 时，企业家的期望净效用为

$$U_b^{s*}(A) = p_H \left[R - \left(1 - \frac{\gamma}{\beta}\right)\frac{c}{\Delta p} - \frac{\gamma}{p_H}\right]I_s^*(A)$$

证：当合约制度好时，企业家的期望净效用为

$$\begin{aligned} U_b^{s*}(A) &= p_H \left[eR_b^{s*}(A) + (1-e)RI \right] - \gamma A \\ &= p_H \left[R - \left(1 - \frac{\gamma}{\beta}\right)\frac{c}{\Delta p} - \frac{\gamma}{p_H}\right]I_s^*(A) \end{aligned} \quad (4.10)$$

引理 4.5：在银行监督融资模型中，当合约制度 $e \leq 1 - b/(R\Delta p)$ 时，企业家的期望净效用为

$$U_b^{w*}(A) = p_H \left[R - \left(1 - \frac{\gamma}{\beta}\right)\frac{c}{\Delta p} - \frac{\gamma}{p_H}\right]I_w^*(A)$$

证：普通投资者的零利润线为

$$eR_b = \left[eR - \left(1 - \frac{\gamma}{\beta}\right)\frac{c}{\Delta p} - \frac{\gamma}{p_H}\right]I + \frac{\gamma A}{p_H}$$

将其代入目标函数，得企业家的期望净效用为

$$\begin{aligned} U_b^{w*}(A) &= p_H \left[eR_b(A) + (1-e)RI_w^*(A) \right] - \gamma A \\ &= p_H \left\{ \left[eR - \left(1 - \frac{\gamma}{\beta}\right)\frac{c}{\Delta p} - \frac{\gamma}{p_H} + (1-e)R\right]I_w^*(A) + \frac{\gamma A}{p_H}\right\} - \gamma A \quad (4.11) \\ &= p_H \left[R - \left(1 - \frac{\gamma}{\beta}\right)\frac{c}{\Delta p} - \frac{\gamma}{p_H}\right]I_w^*(A) \end{aligned}$$

结合式(4.10)、式(4.11)及命题4.3、引理4.3可知，当合约制度较差时，自有资本为 A 的企业家的期望净效用随着合约制度的变好而增大，当合约制度变好到 $e > 1 - b/(R\Delta p)$ 时，企业家的期望净效用达到最大且与合约制度无关。当合

约制度 $e > c/(R\Delta p)$ 时，自有资金为 A 的企业家的期望效用随着银行要求的回报率 β 及普通投资者要求的回报率 γ 的增大而减小。当合约制度 $e \leqslant c/(R\Delta p)$ 时，自有资金为 A 的企业家的期望净效用随着银行要求的回报率 β 的增大而减小，但随着普通投资者要求的回报率 γ 的增大而增大。企业家的期望净效用与投资规模正相关，说明企业家的融资约束与其期望净效用负相关，因此利用企业家的期望净效用也可以度量企业家的融资约束。

命题 4.4：在既定的回报率下，从企业家期望净效用的视角来看，一定存在某个 e^*，使得当合约制度 $e \leqslant e^*$ 时，无监督融资优于监督融资，而当 $e > e^*$ 时，监督融资优于无监督融资。

证：首先，由于

$$
U_b^{s*} - U_b^{sn*}
$$

$$
= \frac{p_H A}{\Delta p} \left[\frac{b}{1 - \frac{p_H c}{\beta \Delta p} - \frac{p_H \left(R - \frac{b+c}{\Delta p}\right)}{\gamma}} - \frac{B}{1 - \frac{p_H \left(R - \frac{B}{\Delta p}\right)}{\gamma}} \right]
$$

$$
= \frac{p_H A}{\gamma \Delta p} \left[(B-b)(p_H R - \gamma) - \frac{p_H B c}{\Delta p}\left(1 - \frac{\gamma}{\beta}\right) \right] k_s(\gamma, \beta) k_s^n(\gamma)
$$

由假设条件可知：

$$
U_b^{s*} - U_b^{sn*} > 0
$$

其次，由于 U_b^{w*} 在纵轴上的交点坐标为

$$
d_1 = p_H \left[R - \left(1 - \frac{\gamma}{\beta}\right)\frac{c}{\Delta p} - \frac{\gamma}{p_H} \right] \frac{A}{1 + \frac{\left(\frac{1}{\gamma} - \frac{1}{\beta}\right)p_H c}{\Delta p}}
$$

U_b^{wn*} 在纵轴上的交点坐标为

$$
d_2 = (p_H R - \gamma)A
$$

显然，$d_2 > d_1$，而 U_b^{w*} 及 U_b^{wn*} 的极限分别为 U_b^{s*} 及 U_b^{sn*}。

如图 4.6 所示，曲线 U_b^{w*} 一定与曲线 U_b^{wn*} 或直线 U_b^{sn*} 有且只有一个交点，且该交点的横坐标 e^* 必在 $1 - b/(R\Delta p)$ 的左边。

最后，若曲线 U_b^{w*} 与直线 U_b^{sn*} 相交，则有

$$
U_b^{w*} = U_b^{sn*}
$$

即

$$\frac{p_H\left[R-\dfrac{\left(1-\dfrac{\gamma}{\beta}\right)c}{\Delta p}-\dfrac{\gamma}{p_H}\right]}{1+\dfrac{\left(1-\dfrac{\gamma}{\beta}\right)p_Hc}{\gamma\Delta p}-\dfrac{p_HeR}{\gamma}}=\frac{p_HR-\gamma}{1-p_H\left(R-\dfrac{\dfrac{B}{\Delta p}}{\gamma}\right)}$$

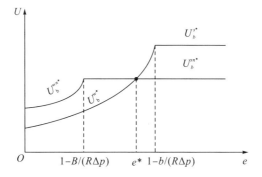

图 4.6　无监督融资与监督融资效用对比图

解得

$$e^*=1-\frac{B}{R\Delta p}+\frac{p_HBc}{(p_HR-\gamma)R(\Delta p)^2}\left(1-\frac{\gamma}{\beta}\right)$$

若曲线 U_b^{w*} 与曲线 U_b^{wn*} 相交，则有

$$\frac{p_H\left[R-\dfrac{\left(1-\dfrac{\gamma}{\beta}\right)c}{\Delta p}-\dfrac{\gamma}{p_H}\right]}{1+\dfrac{\left(1-\dfrac{\gamma}{\beta}\right)p_Hc}{\gamma\Delta p}-\dfrac{p_HeR}{\gamma}}=\frac{p_HR-\gamma}{1-\dfrac{p_HeR}{\gamma}}$$

得唯一解 $e^*=1$。

而曲线 U_b^{w*} 与 U_b^{wn*} 的横坐标都满足 $e\leqslant 1-b/(R\Delta p)<1$，因此解 $e^*=1$ 不满足条件，说明当 $e\leqslant 1-b/(R\Delta p)$ 时，曲线 U_b^{w*} 与曲线 U_b^{wn*} 不相交。由此得唯一的 e^*，当 $e>e^*$ 时，监督融资优于无监督融资。

推论 4.5：当合约制度较好时，银行监督有助于缓解企业的融资约束问题并提高其福利，但合约制度差时，银行监督反而降低企业家的福利。

如果不考虑合约制度，那么毫无疑问，银行监督将有助于缓解企业的融资约束问题并且提高企业家福利；然而合约不完全实施将打破这一结论，由于监督成本最终由企业家承担，当合约制度差时，企业获得银行信贷的成本过高，导致其丧失借款能力。而合约制度变好以后，银行和普通投资者的实际收益得到保障，企业家需要做出的让步减少了，因此其借款能力和福利都得到提高。

4.4　监督效应分析

以下部分利用可变监督力度模型来考察不同合约制度下银行监督对缓解企业融资约束问题所起的作用，将4.1节的基本假设做如下补充：

- 监督者识别出差项目的概率为x，一无所知的概率为$1-x$。
- 有效监督的概率x依赖于监督成本函数$c(x)$，其中，
$$c'(x)>0,\ c''(x)>0,\ c'(0)=0,\ c'(1)=\infty$$
- 缺乏监督的融资是不可行的，即
$$p_H\left(RI-\frac{BI}{\Delta p}\right)<I-A$$
- 合约制度$e\geqslant 1-B/(R\Delta p)$。

4.4.1　银行的最优监督力度

企业家、银行和普通投资者分别为项目注入资金A、I_m和I_u，其中$I_u=I-A-I_m$；当项目成功时，企业家、银行和普通投资者获得的收益分别为R_b、R_m和R_u，其中$R_b+R_m+R_u=RI$；当项目失败时，三方获得的收益均为零。自有资金为A的企业家、银行和普通投资者的融资契约为
$$C=\big[I(A);\ (A,\ I_m,\ I_u);\ ((R_b,\ 0);\ (R_m,\ 0);\ (R_u,\ 0));\ e;\ x\big]$$
最优化问题为
$$\begin{cases} \max\limits_{R_b,\ x,\ I} xp_H\big[eR_b+(1-e)RI\big]+(1-x)\big[p_L(eR_b+(1-e)RI)+BI\big]-\gamma A \\ \text{s.t}\ (1)bI/\Delta p\leqslant eR_b+(1-e)RI<BI/\Delta p \\ \quad\ (2)\big[xp_H+(1-x)p_L\big]eR_m\geqslant c(x)I \\ \quad\ (3)\big[xp_H+(1-x)p_L\big]e(RI-R_b)\geqslant\gamma(I-A)+c(x)I \end{cases} \quad (4.12)$$

其中，

- 目标函数为企业家获得的期望净收益。
- 约束条件(1)为引入银行监督且企业家尽职的激励相容约束。
- 约束条件(2)为银行的参与约束，激励其实施监督。
- 约束条件(3)为外部投资者的参与约束。

引理 4.6：使项目净现值最大的监督水平 x^* 满足

$$\Delta pR - B = c'(x^*) \tag{4.13}$$

证：由于投资者是完全竞争的，银行作为监督者在第 2 期获得零利润，故企业家的效用与项目的净现值相等，为

$$U_b(x) = xp_H RI + (1-x)(p_L RI + BI) - \gamma I - c(x)I$$

由此得企业家效用最大的监督水平 x^* 满足的一阶条件为

$$\Delta pR - B = c'(x^*)$$

命题 4.5：当 $e > 1 - b/(R\Delta p)$ 时，在最优监督水平 x^* 上，企业的最优投资规模为

$$I(x^*,\ A) = \cfrac{A}{1 + \cfrac{\left[c(x^*) - (x^* p_H + (1-x^*) p_L) \left(R - \dfrac{b}{\Delta p} \right) \right]}{\gamma}} \tag{4.14}$$

证：当合约制度 $e > 1 - b/(R\Delta p)$ 时，$R_b > 0$ 才能满足企业家的激励相容约束，不妨设在最优监督水平 x^* 上，企业有足够的可保证收入来支付给监督者和投资者，即

$$\left[x^* p_H + (1-x^*) p_L \right] \left\{ eRI - \left[\frac{bI}{\Delta p} - (1-e)RI \right] \right\} \geqslant \gamma(I-A) + c(x^*)I$$

由此得企业家的最优投资规模为

$$I(x^*,\ A) = \cfrac{A}{1 + \cfrac{\left\{ c(x^*) - \left[x^* p_H + (1-x^*) p_L \right] \left(R - \dfrac{b}{\Delta p} \right) \right\}}{\gamma}}$$

记

$$k(x^*) = \cfrac{1}{1 + \cfrac{\left\{ c(x^*) - \left[x^* p_H + (1-x^*) p_L \right] \left(R - \dfrac{b}{\Delta p} \right) \right\}}{\gamma}}$$

则

$$I(x^*,\ A) = k(x^*)A$$

命题 4.6：当 $e \leqslant 1 - b/(R\Delta p)$ 时，在最优监督水平 x^* 上，企业的最优投资规模为

$$I(x^*,\ e,\ A) = \dfrac{A}{1 + \dfrac{\left\{ c(x^*) - \left[x^* p_H + (1-x^*) p_L \right] eR \right\}}{\gamma}} \tag{4.15}$$

证：当合约制度 $e \leqslant 1 - b/(R\Delta p)$ 时，$R_b = 0$ 亦能满足企业家的激励相容约束，此时在最优监督水平 x^* 上，约束条件(3)可写为

$$\left[x^* p_H + (1-x^*) p_L \right] eRI \geqslant \gamma(I-A) + c(x^*)I$$

故企业的最优投资规模为

$$I(x^*,\ e,\ A) = \dfrac{A}{1 + \dfrac{\left\{ c(x^*) - \left[x^* p_H + (1-x^*) p_L \right] eR \right\}}{\gamma}}$$

记

$$k(x^*,\ e) = \dfrac{1}{1 + \dfrac{\left\{ c(x^*) - \left[x^* p_H + (1-x^*) p_L \right] eR \right\}}{\gamma}}$$

则

$$I(x^*,\ e,\ A) = k(x^*,\ e)A$$

推论 4.6：当 $e > 1 - b/(R\Delta p)$ 时，最优化问题(4.12)的解为

$$R_b = \left[R - \frac{1}{e}\left(R - \frac{b}{\Delta p} \right) \right] I(x^*,\ A)$$

$$R_m = \frac{1}{e}\left(R - \frac{B}{\Delta p} \right) I(x^*,\ A)$$

$$R_u = \frac{(B-b)I(x^*,\ A)}{e\Delta p}$$

证：就监督者而言，设 R_m 是项目成功时监督者的回报，那么监督者会选择监督力度以最大化

$$\left[x p_H + (1-x) p_L \right] eR_m - c(x)$$

由此可得从监督者的角度而言最优的监督水平满足的一阶条件为

$$(\Delta p) eR_m = c'(x^{*m}) \tag{4.16}$$

对比式(4.13)与式(4.16)，若监督者选择的监督水平为社会最优的监督水平，即

$$x^{*m} = x^*$$

则有

$$R_m = \frac{1}{e}\left(R - \frac{B}{\Delta p} \right) I(x^*,\ A)$$

根据 4.3 节的分析可知：

$$R_b = \left[R - \frac{1}{e}\left(R - \frac{b}{\Delta p} \right) \right] I(x^*, A)$$

由此得

$$R_u = \frac{(B-b)I(x^*, A)}{e\Delta p}$$

结合命题 4.6 及推论 4.6 的证明可得推论 4.7。

推论 4.7：当合约制度 $e \leqslant 1 - b/(R\Delta p)$ 时，最优化问题 (4.12) 的解为

$$R_b = 0$$

$$R_m = \frac{1}{e}\left(R - \frac{B}{\Delta p} \right) I(x^*, e, A)$$

$$R_u = \left[R - \frac{1}{e}\left(R - \frac{B}{\Delta p} \right) \right] I(x^*, e, A)$$

4.4.2 银行的监督效应

本章 4.3 节已经证明，在一定的合约制度下，银行监督有助于增大企业的借款能力，从而减小企业所受到的融资约束。下面讨论在最优的监督力度下，银行监督对企业的融资约束产生的影响及不同合约制度下银行监督对缓解企业融资约束问题所起的作用。

命题 4.7：随着合约制度变好，企业面临的融资约束非增。

证：首先，令

$$H(x^*) = 1 + \frac{1}{\gamma}\left\{ c(x^*) - \left[x^* p_H + (1-x^*)p_L \right]\left(R - \frac{b}{\Delta p} \right) \right\}$$

$$H(x^*, e) = 1 + \frac{1}{\gamma}\left\{ c(x^*) - \left[x^* p_H + (1-x^*)p_L \right]eR \right\} \tag{4.17}$$

则当 $e \leqslant 1 - b/(R\Delta p)$ 时，有

$$H(x^*, e) - H(x^*)$$

$$= \frac{1}{\gamma}\left\{ c(x^*) - \left[x^* p_H + (1-x^*)p_L \right]\left(R - \frac{b}{\Delta p} \right) \right\} - \frac{1}{\gamma}\left\{ c(x^*) - \left[x^* p_H + (1-x^*)p_L \right]eR \right\}$$

$$= \frac{1}{\gamma}\left\{ \left[x^* p_H + (1-x^*)p_L \right]\left((1-e)R - \frac{b}{\Delta p} \right) \right\} \geqslant 0$$

即

$$I(x^*, A) \geqslant I(x^*, e, A)$$

故合约制度好时，企业的借款能力最大，此时企业所受的融资约束最小。

其次，当合约制度 $e \leqslant 1 - b / (R\Delta p)$ 时，在式(4.15)两边对 e 求偏导得

$$\frac{\partial I(x^*, e, A)}{\partial e} = \frac{AR}{\gamma H^2(x^*, e)}\left[x^* p_H + (1 - x^*) p_L\right] > 0$$

故当合约制度处于中间时，合约制度越好，企业的借款能力越大，因此企业受到的融资约束越小。

命题4.8：当 $e \geqslant 1 - B / (R\Delta p)$ 时，银行的监督力度越大，企业所受的融资约束越小。

证：首先，在式(4.14)两边对 x^* 求偏导得

$$\frac{\partial I(x^*, A)}{\partial x^*} = -\frac{A}{\gamma H^2(x^*)}\left[c'(x^*) - (\Delta pR - b)\right] = \frac{A(B - b)}{\gamma H^2(x^*)} > 0$$

因此，合约制度好时，企业的借款能力是银行监督力度的增函数，这意味着银行的监督能有效缓解企业的融资约束问题。

其次，在式(4.15)两边对 x^* 求偏导得

$$\frac{\partial I(x^*, e, A)}{\partial x^*} = -\frac{A}{\gamma H^2(x^*, e)}\left[c'(x^*) - \Delta peR\right]$$

$$= -\frac{A}{\gamma H^2(x^*, e)}\left[B - (1 - e)\Delta pR\right]$$

当 $e > 1 - B / (R\Delta p)$ 时，有

$$\frac{\partial I(x^*, e, A)}{\partial x^*} > 0$$

说明当合约制度处于中间时，企业的借款能力也是最优监督力度的增函数，因此银行监督亦能有效缓解企业的融资约束问题。

命题4.9：当合约制度好时，银行监督对缓解企业融资约束问题所起的作用不受合约制度的影响；当合约制度处于中间时，银行监督对缓解企业融资约束问题所起的作用随着合约制度变好而减小。

证：首先，当合约制度 $e > 1 - b / (R\Delta p)$ 时，由于 $I(x^*, A)$ 与合约制度无关，因此

$$\frac{\partial}{\partial e}\left(\frac{\partial I(x^*, e)}{\partial x^*}\right) = 0$$

说明合约制度好时，银行监督对缓解企业融资约束问题所起的作用不受合约制度的影响。

其次，当合约制度 $e \in \left(1 - B / (R\Delta p), \ 1 - b / (R\Delta p)\right]$ 时，式(4.17)两边对 x^* 求偏导得

$$\frac{\partial H(x^*,\ e)}{\partial x^*}=\frac{1}{\gamma}\big[\Delta pR(1-e)-B\big]<0$$

由于 $H(x^*,\ e)$ 与借款能力 $k(x^*,\ e)$ 互为倒数，说明合约制度处于中间时，银行的监督力度越大，借款能力越大，而

$$\frac{\partial}{\partial e}\left(\frac{\partial H(x^*,\ e)}{\partial x^*}\right)=-\frac{\Delta pR}{\gamma}<0$$

这就意味着合约制度越好，$H(x^*,\ e)$ 对银行监督力度 x^* 的敏感度越低，且 $H(x^*,\ e)$ 是 x^* 的减函数，说明当合约制度变好后，银行监督力度每增加 1 个单位，$H(x^*,\ e)$ 减少的数量变少，因此借款能力 $k(x^*,\ e)$ 增大的数量也变少，从而可知，当合约制度变好后，借款能力对银行监督的敏感度降低，说明银行监督对缓解企业融资约束问题所起的作用随着合约制度变好而减小。

4.5　数　值　模　拟

4.5.1　最优监督力度与借款能力

下面利用数值模拟来考察银行的最优监督力度及其对企业融资约束的影响，设 $b=0.14$，$I=0.95$，$\gamma=1.045$，由于 Δp、R、B 将对银行的最优监督力度产生影响，因此这些量在表 4.2 中作为变量出现，在这些参数假设下，$1-B/(R\Delta p)$ 的最大值为 0.5238，$1-b/(R\Delta p)$ 的最小值为 0.7407，因此取 $e=0.65$，设

$$c(x)=\frac{x^2}{30(1-x)}$$

则 $c(x)$ 满足 $c'(x)>0$；$c''(x)>0$；$c'(0)=0$；$c'(1)=\infty$。

表 4.2　最优监督力度与借款能力

p_H	p_L	R	B	x^*	$k(x^*)$	$k(x^*,\ e)$
0.85	0.45	1.40	0.35	0.6299	3.0406	1.4673
0.86	0.45	1.40	0.35	0.6401	3.1782	1.5064
0.87	0.45	1.40	0.35	0.6495	3.3265	1.5469
0.88	0.45	1.40	0.35	0.6582	3.4872	1.5890
0.89	0.45	1.40	0.35	0.6663	3.6619	1.6326
0.90	0.45	1.40	0.35	0.6738	3.8529	1.6781
0.90	0.45	1.30	0.35	0.6475	2.9730	1.4982
0.90	0.45	1.35	0.35	0.6615	3.3564	1.5827
0.90	0.45	1.40	0.35	0.6738	3.8529	1.6781

续表

p_H	p_L	R	B	x^*	$k(x^*)$	$k(x^*, e)$
0.90	0.45	1.45	0.35	0.6850	4.5218	1.7865
0.90	0.45	1.50	0.35	0.6950	5.4722	1.9107
0.90	0.45	1.55	0.35	0.7041	6.9297	2.0544
0.90	0.45	1.40	0.30	0.6971	3.9154	1.9408
0.90	0.45	1.40	0.32	0.6884	3.8938	1.8260
0.90	0.45	1.40	0.34	0.6789	3.8678	1.7245
0.90	0.45	1.40	0.36	0.6685	3.8367	1.6342
0.90	0.45	1.40	0.38	0.6570	3.7998	1.5534
0.90	0.45	1.40	0.4	0.6442	3.7561	1.4808

从表 4.2 可以看出，首先，对最优监督力度而言，企业家尽职与卸责时的成功概率之差 Δp 越大，银行的最优监督力度越大；项目成功时的收益 R 越大，最优监督力度越大；企业家卸责时的私人收益 B 越大，最优监督力度越小。这是由于 Δp 或 R 增大，都将有利于提高银行的预期收益，而 B 增大只会增加企业家的代理成本，无益于提高银行的预期收益。其次，表 4.2 的右半部分显示，银行的监督力度越大，企业的借款能力越强，说明企业的融资约束越小，而且，与合约制度较好时相比，合约制度处于中间时，企业的借款能力更弱，说明合约制度好时，企业受到的融资约束更小。

4.5.2　合约制度与借款能力

设 $p_H = 0.9$，$p_L = 0.45$，$R = 1.4$，$B = 0.35$，$b = 0.14$，$c = 0.2$，$I = 1.05$，$\beta = 1.1$，$\gamma = 1.045$，在这些参数假设下，$1 - B/(R\Delta p) = 0.4444$，$1 - b/(R\Delta p) = 0.7778$，$c(1 - \gamma/\beta)/(R\Delta p) = 0.01587$。

表 4.3 表明，在给定的数据下，当合约制度 $e < 0.4444$ 时，进行无监督融资时企业的借款能力随着合约制度的变好而增大且大于有监督融资时的借款能力；当 $e \geq 0.4444$ 时，银行监督融资时企业的融资约束及其期望净效用均与合约制度无关；对于有监督融资，当合约制度 $e < 0.7778$ 时，企业的融资约束随着合约制度的变好而减小，当 $e \geq 0.7778$ 时，企业的融资约束及其期望净效用均与合约制度无关。从表中还可以看出，当合约制度 $e < 0.4961$ 时，无监督融资优于有监督融资，在无监督融资的情况下，企业家获得的期望净效用更高，而当合约制度 $e \geq 0.4961$ 时，与无监督融资相比，银行监督能减小企业的融资约束并提高企业家福利。此外，当合约制度非常差（$e < 0.0158$）时，有监督融资的股权乘子小于 1，这意味着

企业家的最低投资规模低于其自有资产，即企业家丧失融资能力。

表 4.3 合约制度与借款能力

e	k_s^n	k_w^n	U_b^{sn*}	U_b^{wn*}	k_s	k_w	U_b^{s*}	U_b^{w*}
0.0100	—	1.0122		0.0653	—	0.9930	—	0.0581
0.0158	—	1.0194		0.0658	—	0.9999	—	0.0585
0.1000	—	1.1371		0.0733	—	1.1129	—	0.0651
0.2000	—	1.3178		0.0850	—	1.2854	—	0.0752
0.3000	—	1.5667		0.1011	—	1.5211	—	0.0890
0.4000	—	1.9316		0.1246	—	1.8627	—	0.1090
0.4444	2.1546	2.1546	0.139	0.1390	—	2.0691	—	0.1210
0.4500	2.1546	—	0.139	—	—	2.0984	—	0.1228
0.4961	2.1546	—	0.139	—	—	2.3755	—	0.1390
0.5000	2.1546	—	0.139	—	—	2.4023	—	0.1405
0.5500	2.1546	—	0.139	—	—	2.8091	—	0.1643
0.6000	2.1546	—	0.139	—	—	3.3819	—	0.1978
0.6500	2.1546	—	0.139	—	—	4.2480	—	0.2485
0.7000	2.1546	—	0.139	—	—	5.7104	—	0.3341
0.7500	2.1546	—	0.139	—	—	8.7083	—	0.5094
0.7778	2.1546	—	0.139	—	12.294	12.294	0.7192	0.7192
0.8000	2.1546	—	0.139	—	12.294	—	0.7192	—
0.8500	2.1546	—	0.139	—	12.294	—	0.7192	—
0.9000	2.1546	—	0.139	—	12.294	—	0.7192	—
0.9500	2.1546	—	0.139	—	12.294	—	0.7192	—

表 4.4 考察了最优监督力度下合约制度对企业融资约束的影响。设 $p_H = 0.9$，$p_L = 0.45$，$R = 1.4$，$B = 0.35$，其余假设与表 4.2 相同，在这些参数假设下，$1 - B/(R\Delta p) = 0.4444$，$1 - b/(R\Delta p) = 0.7778$，$x^* = 0.6738$。

表 4.4 最优监督力度下合约制度与借款能力

e	$k(x^*, e)$	$k(x^*)$	$U_b(x^*)$
0.4444	1.67797	—	0.06954
0.4500	1.69403	—	0.06954
0.5000	1.85236	—	0.06954
0.5500	2.04333	—	0.06954

e	$k(x^*,e)$	$k(x^*)$	$U_b(x^*)$
0.6000	2.27821	—	0.06954
0.6500	2.57410	—	0.06954
0.7000	2.95831	—	0.06954
0.7500	3.47735	—	0.06954
0.7778	3.85291	3.85291	0.06954
0.8000	—	3.85291	0.06954
0.8500	—	3.85291	0.06954
0.9000	—	3.85291	0.06954
0.9500	—	3.85291	0.06954

从表 4.4 可以看出，当合约制度处于中间（$0.4444 \leqslant e < 0.7778$）时，企业家的借款能力随着合约制度变好而增大，说明合约制度变好缓解了企业的融资约束问题；当合约制度好时，企业家的借款能力不受合约制度的影响。企业家的福利不受合约制度的影响。

4.5.3 回报率与借款能力

在表 4.3 数据假设的基础上，表 4.5 考察了在不同的合约制度下，回报率对企业家的融资约束及福利的影响。其中，γ、β 是变量，$c/(R\Delta p)=0.3175$。与引理 4.3 的结论一致，当合约制度 $e>0.3175$ 时，监督融资的借款能力及企业家福利与两类回报率都呈反向变动关系；当合约制度 $e \leqslant 0.3175$ 时，监督融资的借款能力与银行要求的回报率反向变动，但与普通投资者要求的回报率同向变动。对于无监督融资来说，企业家的借款能力及福利与普通投资者的回报率呈反向变动关系，与银行要求的回报率无关。

表 4.5　回报率与借款能力

e	γ	β	k_s^n	k_w^n	U_b^{sn*}	U_b^{wn*}	k_s	k_w	U_b^{s*}	U_b^{w*}
0.317	1.035	1.090	—	1.628	—	0.110	—	1.57831	—	0.097
0.317	1.040	1.090	—	1.624	—	0.107	—	1.57832	—	0.095
0.317	1.050	1.090	—	1.614	—	0.102	—	1.57833	—	0.092
0.317	1.045	1.095	—	1.619	—	0.104	—	1.57416	—	0.093
0.317	1.045	1.100	—	1.619	—	0.104	—	1.57006	—	0.092
0.317	1.045	1.105	—	1.619	—	0.104	—	1.56601	—	0.091
0.550	1.035	1.090	2.179	—	0.147	—	—	2.85767	—	0.176

续表

e	γ	β	k_s^n	k_w^n	U_b^{sn*}	U_b^{wn*}	k_s	k_w	U_b^{s*}	U_b^{w*}
0.550	1.040	1.090	2.167	—	0.143	—	—	2.84660	—	0.172
0.550	1.050	1.090	2.143	—	0.135	—	—	2.82502	—	0.166
0.550	1.045	1.095	2.155	—	0.139	—	—	2.82230	—	0.167
0.550	1.045	1.100	2.155	—	0.139	—	—	2.80914	—	0.164
0.550	1.045	1.105	2.155	—	0.139	—	—	2.79622	—	0.162
0.800	1.035	1.090	2.179	—	0.147	—	13.766	—	0.846	—
0.800	1.040	1.090	2.167	—	0.143	—	13.274	—	0.803	—
0.800	1.050	1.090	2.143	—	0.135	—	12.400	—	0.727	—
0.800	1.045	1.095	2.155	—	0.139	—	12.550	—	0.741	—
0.800	1.045	1.100	2.155	—	0.139	—	12.294	—	0.719	—

4.6   本 章 小 结

本章利用可变投资分析框架，从企业家的借款能力入手，深入分析了不同合约制度下银行监督对企业家融资约束及福利的影响，以及银行的监督效应。主要结论如下：

(1) 随着合约制度的变好，企业的借款能力非减，其融资约束非增。

(2) 企业家进行无监督融资时，合约制度变好有助于增大企业家的借款能力，进而缓解企业的融资约束问题，但合约制度好到一定程度后，企业家的借款能力与合约制度无关，此时合约制度不影响企业的融资约束。

(3) 当合约制度差时，由于监督需要成本，而监督成本最终由企业承担，因此银行监督反而会削弱企业家的借款能力并降低其福利，此时企业家更倾向于无监督融资。若合约制度特别差，则企业家将会丧失借款能力，从而面临严重的融资约束。

(4) 当合约制度好到一定程度后，与无监督融资相比，银行监督能增大企业家的借款能力，从而缓解企业的融资约束问题，企业家效用也大幅增大，说明当合约制度较好时，银行监督力度越大，企业的融资约束越小。

(5) 当合约制度好时，银行监督对缓解企业融资约束问题所起的作用不受合约制度的影响；当合约制度处于中间时，银行监督对缓解企业融资约束问题所起的作用随着合约制度变好而减弱。

第5章 实证分析

关于企业融资约束问题的研究，既是一个理论问题，同时在指导企业行为与引导金融政策方面又具有深刻的实践意义。本书第3章、第4章通过非对称信息下的外部融资模型，从规范分析的角度考虑了不同合约制度下银行监督与企业融资约束之间的关系，主要以"企业能否获得融资(信贷可得性)"和"企业能获得多大的融资额(借款能力)"为主线，回答了"合约制度与企业融资约束之间的关系如何，银行监督如何影响企业的融资约束，合约制度与银行监督对缓解企业融资约束问题是否具有替代效应"等问题。而本章的重点则是通过实证研究检验上述理论分析的结论，结合我国国情，以我国上市公司数据为样本寻找理论研究的经验证据。

本书第3及第4章从理论上证明了以下结论：首先，合约制度越好，企业的融资约束越小；其次，合约制度较好的情况下，银行监督有助于缓解企业的融资约束问题；最后，合约制度越好，银行监督对缓解企业融资约束问题所起的作用越小。本章将对理论模型得出的结论进行实证检验，具体包含4个部分：5.1节为研究假设，结合理论分析的结论提出了本书的两条研究假设；5.2节为研究设计，给出了样本选取及数据来源、变量与计量方法及变量的描述性统计；5.3节为实证检验的结果，主要报告了回归结果及稳健性检验结果；5.4节对本章的主要工作及结论做了小结。

5.1 研 究 假 设

Myers 和 Majluf(1984)的研究认为，由于资本市场中存在信息非对称，投资者的逆向选择行为使其要求更高的回报率，导致企业因融资成本增加而不得不面临融资约束问题。银行监督可以降低投资者和企业家之间的信息非对称程度，在一定程度上缓解了由信息非对称引起的融资约束问题。由于融资契约授予投资者监督的权利(当然，监督需要成本，因此这项任务主要是由银行来完成，普通投资者可以搭便车)，银行可以通过约束债权的现金流、专业化监督、破产机制等方式对企业进行监督(Diamond，1984；Jensen，1986；Hart，1995)，从而直接或间接地对企业的投资活动产生影响，促使企业家努力工作、减少私人收

益以达到企业的利润最大化,这样债权人的利益得到保障,从而减小了企业的
融资约束。基于以上分析,本书提出第一个研究假设。

假设 1:银行监督能有效减小企业的融资约束。

银行监督虽然可以缓解企业的融资约束问题,但融资合约的履行还受到签
约时所处的政策环境的影响,如法律制度环境、地区政府的干预程度、地区的
金融市场化程度等。若某地区的投资者保护比较差,那么该地区的金融市场化
程度也比较差,完善的法律制度可以降低管理者的利益侵占,由此提高了投资
者的保护程度(La Porta et al.,2000)。投资者是企业投资的主要资金支持者,他
们在合约中规定的基本利益应该得到保障,如果合约制度环境不完善,合约不
能得到有效地实施,那么企业家将没有激励偿还债务,这就破坏了企业的外部
融资机制,进而加剧了企业的融资约束。North(1981)提出政府的作用之一是通
过提供法律、规则及实施环境以确保私人合约的实施。Acemoglu 和
Johnson(2003)的研究认为,合约制度是支持私人合约的制度,且弱的合约实施
制度削弱了企业的融资能力。Jappelli 等(2005)针对合约的实施力是如何影响资
金的可获得性问题进行了研究,发现执行效率高的司法区内贷款较多,融资约
束较小。Cole 和 Turk-Ariss(2008)的实证研究发现,当债务合约执行力度较强
时,银行的贷款资产占比将会提高,也就是说法律保护水平与银行的信贷水平
正相关。由此,本书提出第二个研究假设。

假设 2:合约制度越好,企业的融资约束越小,且银行监督对缓解企业融资
约束问题所起的作用也越小。

5.2　研　究　设　计

5.2.1　样本选择与数据来源

1.样本选取

本书以 1998—2009 年我国沪深两市 A 股上市公司的年度数据为研究样本[①]。
数据始于 1998 年是由于本书使用了现金流量表中的部分数据,而我国现金流量
表会计准则从 1998 年才开始实施;数据取到 2009 年是由于本书利用樊纲、王
小鲁等编写的《中国市场化指数——各地区市场化相对进程报告 2011》中的指
标来度量合约制度,而这些指标只包含直到 2009 年的数据,并且该报告并未说

---

① 数据的可获得性限制了研究区间的选择。

明具体的数据来源及指标计算方式，因此对 2009 年以后的数据进行合理预测也非易事。这些困难虽然限制了本书使用更长的样本区间，但本书检验的是不同合约制度下银行监督对融资约束的影响，因此样本数据所含年份是否接近当前年份对计量结果影响不大。为避免极端数据对计量结果造成不良影响，本书对原始数据做如下筛选：

(1) 剔除了金融保险类上市公司。这是由于这些行业的财务特征具有特殊性，与其他行业上市公司的财务报表存在较大差异。

(2) 剔除数据缺失的上市公司样本。

(3) 剔除 PT、ST、*PT、S*ST 类上市公司样本。

(4) 剔除西藏地区的上市公司样本。这是由于《中国市场化指数——各地区市场化相对进程报告 2011》并没有对西藏地区的指数作详细披露。

(5) 剔除处于 0～1% 和 99%～100% 之间的极端样本值及不符合常理的极端值。

2.数据来源

本书所使用样本的财务数据来源于国泰安 CSMAR 中国股票市场研究数据库；度量合约制度的 3 个指标数据来源于樊纲、王小鲁等编写的《中国市场化指数——各地区市场化相对进程 2011 年报告》中各省 (自治区、直辖市) 的政府与市场关系指数、市场中介的组织发育和法律制度环境指数、市场化进程指数。处理数据所用软件为 Excel 2007、Eviews 7.2。

5.2.2　主要变量与计量方法

1.主要变量

(1) 银行监督。常用的银行监督代理变量比较多，就银行监督与企业绩效的关系而言，Degryse 和 Ongena (2001) 利用银行关系数量的多寡来度量二者之间的关系，Fok 等 (2004) 采用的银行监督指标比较多元化，其中包含银行关系数量、是否与多家银行建立关系、外资银行关系数量及内资银行关系数量、银行借款占比、贷款银行的声誉等。而 Byers 等 (2008)、Shepherd 等 (2008) 利用银行贷款的数量这一指标来研究银行监督和企业绩效的关系。雷英 (2007) 使用长期借款来度量银行监督，龙建辉 (2011) 沿用了田利辉 (2004，2005a，2005b) 的做法，使用总银行借款率 (银行借款在总资产中的比例) 作为度量银行监督的指标。雷强 (2010) 利用长短期银行借款、总贷款、上市公司贷款银行数及银行排名作为衡量银行监督的代理变量。考虑到本书的研究内容及数据的可获得性，本书选取总银行借款率，即年末银行借款余额与年末总资产之比来衡量银行监督。

　　(2) 融资约束。早期关于融资约束的研究往往借鉴 Fazzari 等 (1988) 的模型，用投资对现金流的敏感性作为融资约束的代理变量，融资约束越大，投资对现金流的敏感性越大 (Whited，1992；Degryse and Jong，2006；连玉君和程建，2007；邓建平和曾勇，2011)。但 Kaplan 和 Zingales (1997) 及 Cleary (1999) 的研究却得到了相反的结论：融资约束越低，投资对现金流的敏感性越大，这些研究引发了学术界对投资—现金流敏感性能否用来度量融资约束的争论，结果表明，利用投资对现金流的敏感性来度量融资约束存在一定的局限性。Almeida 等 (2004) 提出以现金—现金流的敏感性作为融资约束的代理变量，并就该模型给出了严谨的数学证明，认为企业的融资约束越大，现金对现金流的敏感性越大。Khurana 等 (2006) 在此基础上提出了修正模型，此后，许多国内学者利用现金—现金流敏感性来研究企业的融资约束问题 (章晓霞和吴冲锋，2006；李金等，2007；张纯和吕伟，2007；连玉君等，2008；朱凯和陈信元，2009；王少飞等，2009；洪怡恬等，2014)。此外，KaPlan 和 Zingales (1997) 提出的 KZ 指数、Whited 和 Wu (2006) 提出的 WW 指数也是度量融资约束的常用指标。屈文洲等 (2011) 利用订单驱动市场 PIN 指标及逆向选择分量来作为融资约束的代理变量。李科和徐龙炳 (2011) 利用是否发生 "短期金融券的金融工具创新" 来区分企业融资约束的变化。综合融资约束的诸多度量指标，利用现金—现金流敏感性来研究融资约束得到较为广泛的认同。借鉴张纯和吕伟 (2007) 等的研究，再结合理论研究的内容，本书利用现金—现金流的敏感性作为融资约束的代理变量。

　　(3) 合约制度。签约双方的合约实施水平受地方合约制度环境的影响，制度环境好的地区，合约实施水平高，反之，制度环境差的地区，合约实施水平低。现有文献大多采用樊纲和王小鲁编制的市场化指数体系来度量制度环境 (方军雄，2007；王少飞等，2009；叶康涛等，2010；肖作平和廖理，2012)。本书利用樊纲等编写的《中国市场化指数——各地区市场化相对进程 2011 年报告》中的相关数据来度量制度环境，具体而言，本书中合约制度利用以下 3 个指标[①]来替代：一是市场化程度指数，利用 "市场化程度" 指标来度量，某地区的合约制度环境越完善，该市场化程度指数就越大，此时债权人得到更多的保护；二是法律制度环境，利用 "市场中介的组织发育和法律制度环境" 指标来度量，该指标越大，说明该地区的法制水平越高；三是政府干预程度，利用 "政府与

---

① 除本书所用的 3 个指标外，也有学者使用金融业市场化指数和产品市场发育指标作为合约制度的替代变量。由于本书假设了银行等投资者拥有无限放贷能力，而且不存在产品竞争，因此，本书研究的合约制度不包含这两个指标。

市场的关系"指标来度量，该指标越大，说明该地区政府干预程度越低。

（4）资本支出。部分学者采用固定资产原值、在建工程、工程物流 3 项之和除以前一年的总资产来度量（梅丹，2006；张纯和吕伟，2007；屈文洲等，2011），也有学者利用现金流量表中购买固定资产和无形资产的现金数量除以前一年的总资产来度量（张纯和吕伟，2007；王少飞等，2009；洪怡恬等，2014），一般情况下，企业的资本支出将会降低其现金持有。本书沿用张纯和吕伟（2007）等的方法，利用现金流量表中购买固定资产和无形资产的现金数量除以前一年的总资产来度量资本支出。

（5）公司规模。大量研究表明，公司规模可以控制规模经济，对企业融资约束及银行监督产生影响，公司规模和监督成本正相关（Jensen and meckling，1976），规模大的公司有较为稳定的收入，其对内部现金留存的依赖较小（Opler et al.，1999），当然，由于规模经济的存在，规模大的公司也可能会留存较多的现金。本书采用总资产的自然对数来度量公司规模（Ascioglu et al.，2008；张纯和吕伟，2007；姜付秀等，2009）。

（6）企业成长机会。由于成长性低的企业，其再投资的机会也较少，企业家更容易卸责以获取高私人收益，而不是尽职以实现项目利益最大化，因此，企业的成长性将对融资约束产生影响。本书中成长机会利用托宾 Q 值来度量，其中托宾 Q 值等于流通股总市值、非流通股账面值、总负债三者之和除以总资产的账面价值（江伟和李斌，2006；张纯和吕伟，2007）。

（7）短期流动负债。Almeida 等（2004）认为，有两个原因会使企业增加短期流动负债，一是被用来代替现金或公司借入的短期债，从而作为现金持有，二是用来替代现金支付，这两种行为将对公司的现金持有产生相反的作用。本书采用短期流动负债增加额与前一年度总资产之比来度量短期流动负债（Khurana et al.，2006；连玉君等，2010；洪怡恬等，2014）。

（8）非现金的营运资本。Opler 等（1999）认为，非现金的营运资本可以视为现金的一种替代，而 Fazzari 和 Petersen（1993）却认为，非现金的营运资本是公司现金的一种来源，这两种情况也将对现金持有产生相反的作用。本书中非现金的营运资本增加额采用流动资产减去现金及流动负债的结果与上一年度总资产之比来度量（连玉君等，2010；洪怡恬等，2014）。

（9）行业变量。本书的行业分类采用 2001 年中国证监会颁布的《上市公司行为分类指引》，剔除金融保险类行业，本书将上市公司分为 21 个行业[①]，因此有 20 个行业虚拟变量。

---

① 制造业分为 9 个小类，其他行业按大类划分。

(10)年度变量。本书所采用的样本数据有 12 个年份跨度，但在计算现金、短期流动负债和非现金的运营资本等变量时，分母为前一年度的总资产，因此有 10 个有效的年度虚拟变量。

文中相关的各研究变量及定义见表 5.1。

表 5.1　研究变量及定义

变量名称	变量符号	计量方法
现金	CH_1	现金和有价证券当年增加额除以前一年度的总资产
现金	CH_2	现金及现金等价物当年增加额除以前一年度的总资产
现金流量	CF	经营活动产生的现金流量金额除以前一年度的总资产
总银行借款率	BM	短期借款与长期借款之和除以总资产
短期流动负债	STD	短期流动负债增加额除以前一年度的总资产
成长机会	TBQ	(流通股总市值+非流通股账面值+总负债)除以总资产的账面价值
公司规模	$SIZE$	公司总资产的自然对数
非现金的营运资本	NWC	(流动资产−现金−流动负债)除以前一年度总资产
资本支出	EXP	现金流量表中购买固定资产和无形资产的现金数量除以前一年度总资产
市场化程度	MAR	樊纲等(2011)等所定义的"市场化程度"指标
法制水平	LAW	樊纲等(2011)等所定义的"市场中介的组织发育和法律制度环境"指标
政府干预水平	GOV	樊纲等(2011)等所定义的"政府与市场的关系"指标
年度变量	$YEAR$	年度的虚拟变量
行业变量	IND	行业的虚拟变量

2.计量方法

为保证研究结果的可靠性，本书综合考虑 Almeida 等(2004)、Khurana 等(2006)及张纯和吕伟(2007)、王少飞等(2009)、洪怡恬等(2014)的研究成果，在此基础上，本书构造以下模型用以检验前文提出的两个研究假设。

1)银行监督与企业融资约束之间的关系

$$CH_t = \partial + \beta_1 CF_t + \beta_2 BM_t + \beta_3 CF_t \times BM_t + \beta_4 SIZE_t + \beta_5 TBQ_t \\ + \beta_6 STD_t + \beta_7 NWC_t + \beta_8 EXP_t + \beta_9 YEAR + \beta_{10} IND + \varepsilon \tag{5.1}$$

其中，CH 为当年的现金持有水平；CF 为当年的经营性现金流量，它既是公司现金的主要来源，又是内源融资的主要渠道，CF 前的系数为现金对现金流的敏感系数，用来测度企业的融资约束程度，敏感度越大，说明公司的外部融资受到的约束越大，其对内部融资的依赖也越大；BM 为总银行借款率；控制变量主要包括短期流动负债(STD)、非现金营运资本(NWC)、资本支出(EXP)、成长机会(TBQ)、公司规模($SIZE$)及年度变量($YEAR$)和行业变量(IND)。

Almeida 等(2004)的研究认为,公司的融资约束越大,其经营性现金流对现金持有量的影响越大。

2)合约制度、银行监督与企业融资约束之间的关系

为研究不同合约制度下银行监督对于缓解企业融资约束问题所起作用的差异性,本书借鉴张纯和吕伟(2007),王少飞等(2009)的做法,将全样本分别按照各地区的市场化进程指数、政府干预指数,以及市场中介组织发育和法律制度环境指数的中位数进行划分,共分为 6 组,其中大于等于中位数的分别划分为市场化程度高组、政府干预弱组及法治水平高组,小于中位数的分别划分为市场化程度低组、政府干预强组及法治水平低组。将分组后的数据分别利用式(5.1)进行回归。

5.2.3   描述性统计分析

表 5.2 给出了主要变量的描述性统计结果,表中包含统计量的均值、中位数、标准差、最小值、最大值。从各变量的均值与中位数来看,各变量基本符合正态分布的特征。其中,现金持有 CH_1 的均值为 0.0215,中位数为 0.0114,标准差为 0.6255,CH_2 的均值为 0.0113,中位数为 0.0045,标准差为 0.4845;现金流的均值为 0.0595,中位数为 0.0548,标准差为 0.3630。从银行借款方面来看,总银行借款率的平均值为 22.02%,总银行借款率差异较大,最大值为 73.25%,最小值为 0。另外,我国上市公司的成长性也存在较大差异,其均值为 1.6257,最大值达到 4.5525,最小值却仅仅为 0.6184。

表 5.2   主要变量的描述性统计

变量	样本数	均值	中位数	标准差	最小值	最大值
CH_1	7111	0.0215	0.0114	0.1129	-0.3347	0.6255
CH_2	7111	0.0113	0.0045	0.0870	-0.2495	0.4845
CF	7111	0.0595	0.0548	0.0823	-0.2489	0.3630
BM	7111	0.2202	0.2160	0.1410	0.0000	0.7325
$SIZE$	7111	21.2610	21.1750	0.8699	18.9443	24.0100
TBQ	7111	1.6157	1.4109	0.6418	0.6184	4.5525
STD	7111	0.0594	0.0406	0.1364	-0.3867	0.8547
NWC	7111	-0.0299	-0.0256	0.1816	-0.5169	0.4216
EXP	7111	0.0672	0.0467	0.0656	0.0001	0.3332

续表

变量	样本数	均值	中位数	标准差	最小值	最大值
MAR	7111	7.0353	6.9700	2.0993	1.7200	11.8000
GOV	7111	8.0291	8.2200	1.5112	2.7500	10.5300
LAW	7111	6.6745	5.3200	3.9594	1.1500	19.8900

在制度环境方面，表 5.2 列出了市场化进程指数、市场中介的组织发育和法律制度环境指数、政府干预指数。从表中可以看出，各地区制度环境差异较大，具体表现为市场中介的组织发育和法律制度环境的地区差异最大，其均值为6.6745，中位数为 5.32，最小值仅为 1.15，最大值却达到 19.89；市场化进程的地区差异次之，其均值为 7.0353，中值为 6.97，最小值仅为 1.72，最大值达到11.8；政府干预程度的地区差异最小，其均值为 8.0291，中值为 8.22，最小值为2.75，最大值为 10.53。

表 5.3 为主要变量的 Pearson 相关系数矩阵，表中数据显示，现金流与现金显著正相关，其中 *CF* 与 CH_1 的相关系数达到 0.2817，显著性水平为 1%，远远大于其他各变量与 CH_1 的相关系数，这意味着经营性现金流对现金持有产生的影响最大。此外，该数据还说明样本公司的融资约束非常大，公司的经营性现金流每增加 1 个单位，就需要存留 0.2817 个单位的现金才能满足未来的投资需要。*CF* 与 CH_2 也在 1%显著性水平上显著正相关，其相关系数为 0.1234。短期流动负债 *STD* 与现金 CH_1、CH_2 均在 1%显著性水平上显著正相关，相关系数分别为 0.2163 和 0.4002，说明短期流动负债越多的公司，其现金留存也越多；公司的成长性和公司规模的相关系数为-0.2954，显著性水平为 1%，说明企业的规模越大，成长性越差。资本支出与现金流及短期流动负债均在 1%显著性水平上显著正相关。

此外，现金的两个度量指标与合约制度中的市场化进程及市场中介的组织发育和法律制度环境都显著正相关，与政府干预程度显著负相关；现金流与合约制度的 3 个指标均显著正相关。需要注意的是，制度环境的 3 个代理变量中，市场化程度与政府干预间的相关系数为 0.8582、市场化程度与市场中介的组织发育和法律制度环境间的相关系数为 0.8904、政府干预与市场中介的组织发育和法律制度环境间的相关系数为 0.6794，且均在 1%显著性水平上显著相关。这意味着，这 3 个制度环境变量之间可能存在多重共线性，为了避免多重共线性对回归结果的影响，在估计方程时，本书将制度环境的 3 个替代变量分别进行检验。

表 5.3 的检验结果为本书的假设提供了初步的支持，但这些检验结果过于粗略，下文将通过回归分析得出更加精确的结论。

表 5.3　Pearson 相关系数检验

变量	CH₁	CH₂	CF	BM	SIZE	STD	TBQ	NWC	EXP	MAR	GOV	LAW
CH_1	1.0000											
CH_2	0.7546*** (96.9590)	1.0000										
CF	0.2817*** (24.7514)	0.1234*** (10.4855)	1.0000									
BM	0.1751*** (14.9915)	0.0399*** (2.8637)	0.7241*** (88.5123)	1.0000								
$SIZE$	0.0927*** (7.8522)	0.1092*** (9.2625)	0.1532*** (13.0714)	0.1596*** (13.6349)	1.0000							
STD	0.2163*** (18.6751)	0.4002*** (36.8152)	-0.0057 (-0.4519)	-0.0117 (-0.9823)	0.1104*** (9.3658)	1.0000						
TBQ	-0.0298** (-2.5173)	-0.0162 (-1.3689)	-0.0574*** (-4.8472)	-0.0574*** (-4.8472)	-0.2954*** (-26.0729)	-0.0257** (-2.1681)	1.0000					
NWC	-0.0840*** (-7.1105)	0.0072 (0.6063)	-0.1896*** (-16.2812)	-0.3253*** (-29.0053)	-0.1784*** (-15.2857)	-0.1473*** (-12.5543)	0.0645*** (5.4457)	1.0000				
EXP	-0.0622*** (-5.2519)	0.0048 (0.4037)	0.2488*** (21.6610)	0.2321*** (20.1176)	0.1082*** (9.1770)	0.2386*** (20.7159)	0.0053 (0.4481)	-0.1448*** (-12.3409)	1.0000			
MAR	0.0042 (0.3563)	0.0110 (0.9251)	0.0561*** (4.7375)	0.0308*** (2.5997)	0.1985*** (17.0771)	-0.0463*** (-309043)	0.0149 (1.2558)	-0.1043*** (-8.8460)	-0.0448*** (-307836)	1.0000		
GOV	-0.0264** (-2.2299)	-0.0247** (-2.0855)	0.0635*** (5.3649)	0.0566*** (4.7775)	0.1594*** (13.6150)	-0.0417*** (-305230)	0.0289** (2.4405)	-0.1455*** (-12.4020)	-0.0406*** (-304234)	0.8582*** (140.9940)	1.0000	
LAW	0.0316*** (2.6666)	0.0289** (2.4385)	0.0478*** (4.0374)	0.0097 (0.8220)	0.1853*** (15.8957)	-0.0575*** (-4.8581)	0.0344*** (2.9031)	-0.0593*** (-5.0081)	-0.0600*** (-5.0716)	0.8904*** (164.9512)	0.6794*** (78.0701)	1.0000

注：样本总体为 7111，括号内为系数的 t 值；*、**、***分别表示 10%、5%、1%显著性水平。

5.3　实证检验与结果分析

由于面板数据可以同时反映变量在时间和截面两个维度上的变化规律,具有许多纯截面数据及纯时间序列数据所不具有的优点①,从而被广泛应用。非平衡面板数据既可避免样本自相关问题,也可避免平衡面板数据中样本选择存在的偏差问题(高雷,何少华,黄志忠,2006),而本节使用 1998—2009 年我国上市公司的样本数据,每年上市公司的数目并不一致,因此属于非平衡面板数据。本章利用固定效应(fixed-effect)模型②对之前提出的假设进行检验。检验顺序如下:首先检验银行监督与企业融资约束之间的关系;其次检验不同合约制度下,银行监督对缓解企业融资约束问题所起的作用的差异,即不同的市场化进程、政府干预程度及市场中介的组织发育和法律制度分别对银行监督缓解企业融资约束问题的影响;最后进行稳健性检验。

5.3.1　回归结果分析

1.银行监督对融资约束的影响

表 5.4 为在控制影响现金持有的相关变量及行业和时间变量的基础上,利用模型(5.1)对银行监督与企业融资约束之间的关系进行检验的结果③。表中数据显示,经营性现金流的系数为 0.33 且在 1%显著性水平上显著为正,说明现金对现金流的敏感度为正,表明我国上市公司普遍面临着较为严重的融资约束;银行监督系数显著为正,说明银行借款率增大可以增大公司累积现金的能力。本模型的核心——现金流与银行监督的交叉项显著为负且显著性水平为 1%,说明银行监督每提高 1 个单位,上市公司融资约束的程度将下降 0.5018 个单位④,即银行监督能够有效缓解上市公司面临的融资约束问题,假设 1 得以验证。

此外,控制变量中公司规模的系数显著为正,即随着公司规模的增大,公司累积现金的能力显著增大,说明公司在现金管理过程中存在一定的规模经济;短

---

① 可以扩大样本容量、增加自由度、控制个体异质性及减少回归变量等,从而提高参数估计的有效性。
② 首先对模型进行普通最小二乘(OLS)估计,然后采用固定效应模型并对模型进行 F 检验,检验结果为拒绝 OLS 模型,其次利用广义最小二乘法(GLS)随机效应模型对模型进行估计,然后进行 LM 检验,其结果仍为拒绝 OLS 模型,再次使用豪斯曼(Hausman)检验对固定效应和随机效应进行比较,在所有的回归模型中均拒绝了随机效应模型。而且本书的样本公司包括了绝大多数的上市公司,因此采用针对非平衡面板数据的固定效应模型对模型进行估计是合理的。
③ 本书控制了年度和行业两个虚拟变量,行业按证监会的分类标准(2001),其中制造业划分为小类,其他行业以大类划分,共有 20 个行业哑变量;回归中还用年份哑变量控制了宏观经济的影响,以下模型与此相同。
④ 上市公司对内部融资的依赖下降 0.5018 个单位。

期流动负债的系数显著为正，说明样本公司借入短期流动负债是作为现金持有，而不是用于支付，这与 Almeida 等(2004)关于短期流动负债的第二种可能相吻合；公司的成长性与现金持有之间存在正相关关系，但不显著，这与王少飞等(2009)的结论一致；公司非现金的营运资本与现金持有显著正相关；资本支出与现金持有显著负相关，这是由于资本支出的增加将减少企业的现金持有。

表 5.4   银行监督与融资约束

自变量	因变量：CH_1	
	系数	T 值
C	-0.2032^{***}	-6.0587
CF	0.3300^{***}	12.9714
BM	0.0321^{***}	2.8292
$CF \times BM$	-0.5018^{***}	-5.1188
$SIZE$	0.0089^{***}	5.9145
TBQ	0.0012	0.6103
STD	0.3558^{***}	39.5332
NWC	0.0487^{***}	6.2124
EXP	-0.2311^{***}	-11.8576
$YEAR$	控制	
IND	控制	
N	7111	
F	69.8658	
Adjusted R^2	0.2585	

注：*、**、***分别表示 10%、5%、1%显著性水平。

2.不同合约制度下银行监督对企业融资约束的影响

表 5.5、表 5.6、表 5.7 检验了合约制度对银行监督缓解企业融资约束问题的影响，为避免出现合约制度 3 个度量指标间的多重共线性问题，本书在控制了影响企业现金持有的变量及行业和时间变量的基础上，分别对 3 个指标进行检验。

表 5.5 给出了按市场化程度分组样本回归的统计结果，分组方法为将全样本按中位数划分，大于等于中位数的样本划分为市场化程度高组，共包含 3551 个子样本，小于中位数的样本划分为市场化程度低组，共包含 3560 个子样本。表中数据显示，就现金对现金流的敏感度而言，市场化程度高的地区敏感度更小，说明市场化程度高的地区，企业的融资约束更小[①]；市场化程度高组中，银行监

---

① 两组中现金对现金流的敏感度在数值上有差异，显著性无差异，这可能是我国的市场化还不完善，企业都面临很大的融资约束所致。

督与现金持有负相关，但不显著，这可能是因为市场化程度较高的地区，企业获得银行借款后将增大投资而不是留存现金；市场化程度低组中，非现金的营运资本对现金持有的影响更为显著，其余变量的符号与表 5.4 一致。市场化程度高组中，现金持有与银行监督的交叉项在 5%显著性水平上显著，而市场化程度低组中该项系数在 1%显著性水平上显著。此外，市场化程度高组中，银行监督每增加 1 个单位，企业的融资约束将减小 0.3411 个单位，而这一数值在市场化程度低组中为 0.5972。这些结果都表明市场化程度高的地区，银行监督对于缓解企业融资约束问题所起的作用显著低于市场化程度低的地区。表 5.5 的研究结果为假设 2 提供了有力的证据。

表 5.5　市场化程度、银行监督与融资约束

自变量　　　被解释变量：CH_1	市场化程度(MAR)高		市场化程度(MAR)低	
	系数	T 值	系数	T 值
C	-0.1346^{***}	-2.6411	-0.2771^{***}	-4.2398
CF	0.3151^{***}	7.6633	0.3248^{***}	6.9080
BM	-0.0026	-0.1426	0.0607^{***}	2.9595
$CF \times BM$	-0.3411^{***}	-2.1927	-0.5972^{***}	-3.2423
$SIZE$	0.0061^{***}	2.6004	0.0126^{***}	4.1743
TBQ	0.0005	0.1563	0.0007	0.2031
STD	0.3532^{***}	25.7395	0.3752^{***}	23.6437
NWC	0.0306^{***}	2.4126	0.0737^{***}	5.2191
EXP	-0.2521^{***}	-8.1109	-0.2130^{***}	-6.4798
$YEAR$	控制		控制	
IND	控制		控制	
N	3551		3560	
F	31.0528		32.0625	
Adjusted R^2	0.2257		0.2462	

注：*、**、***分别表示 10%、5%、1%显著性水平。

　　表 5.6 给出了政府干预程度分组样本回归的统计结果，分组方法与市场化程度相同，大于等于中位数的样本划分为政府干预弱组，共包含 3531 个子样本，小于中位数的样本划分为政府干预强组，共包含 3580 个子样本。表中数据显示，政府干预弱的地区现金对现金流的敏感度更小，说明政府干预弱的地区，企业的融资约束更小①。政府干预弱组中，银行监督与现金持有正相关，但不显著，

---

① 两组中现金对现金流的敏感度在数值上有差异，显著性无差异，这可能是我国政府干预程度还有待降低，企业所面临的融资约束都比较大。

而这一数据在政府干预强组中极显著，可能的原因是政府干预强的地区，企业获得银行借款后更倾向于持有现金；其余变量的符号与表 5.4 一致。政府干预弱组中，现金持有与银行监督的交叉项系数为-0.2602，且在 10%显著性水平上显著，而政府干预强组中该项系数为-0.5506，且在 1%显著性水平上显著，说明政府干预弱组中，银行监督每增加 1 个单位，企业的融资约束将减小 0.2602 个单位，而这一数值在政府干预强组中为 0.5506，这些结果都表明在政府干预弱的地区，银行监督对于缓解企业融资约束问题所起的作用显著小于在政府干预强的地区。表 5.6 进一步验证了假设 2。

表 5.6   政府干预、银行监督与融资约束

自变量 \ 被解释变量: CH_1	政府干预(GOV)弱		政府干预(GOV)强	
	系数	T 值	系数	T 值
C	-0.2164^{***}	-4.2991	-0.2441^{***}	-3.6921
CF	0.3001^{***}	7.8184	0.3041^{***}	6.2399
BM	0.0257	1.4517	0.0415^{**}	2.0014
$CF \times BM$	-0.2062^{*}	-1.6975	-0.5506^{***}	-2.9995
$SIZE$	0.0084^{***}	3.7117	0.0099^{***}	3.2979
TBQ	0.0023	0.8437	0.0015	0.4157
STD	0.3486^{***}	26.0485	0.3902^{***}	24.3108
NWC	0.0516^{***}	4.1762	0.0749^{***}	5.2262
EXP	-0.2238^{***}	-7.5805	-0.1883^{***}	-5.4970
$YEAR$	控制		控制	
IND	控制		控制	
N	3531		3580	
F	29.3223		27.6950	
Adjusted R^2	0.2639		0.2439	

注：*、**、***分别表示 10%、5%、1%显著性水平。

表 5.7 给出了市场中介组织的发育和法律制度环境分组样本回归的统计结果，将大于等于中位数的样本划分为法制水平高组，共包含 3555 个子样本，小于中位数的样本划分为法制水平低组，共包含 3556 个子样本。表中数据显示，法制水平高的地区，现金对现金流的敏感度更小，说明法制水平高的地区，企业的融资约束更小；法制水平高组中，现金持有与银行监督的交叉项系数为-0.3938，且在 5%显著性水平上显著，而法制水平低组中该项系数为-0.5162，且在 1%显著性水平上显著，这说明法制水平高的地区，银行监督每增加 1 个单位，企业的融资约束将减小 0.3938 个单位，而这一数值在法制水平低的地区为

0.5162，回归结果表明，在法制水平高的地区，银行监督对于缓解企业融资约束问题所起的作用显著低于法制水平低的地区。此外，公司规模与现金持有之间的正相关关系在法制水平低的地区更为显著，说明法制水平低的地区更可能存在规模经济；其余变量的符号与表 5.4 一致。表 5.7 为假设 2 提供了进一步的证据。

综合分析表 5.5、表 5.6 及表 5.7 发现，无论从显著性来看，还是从回归系数来看，政府干预程度对于银行监督缓解企业融资约束问题所起的作用都大于市场化程度或市场中介的组织发育和法律制度环境，这可能是政府干预强的地区，更多的企业存在政治关联，从而有更多的银行主动或被动地与企业存在关联。但是，3 张表的数据都表明，合约制度越好，银行监督对于缓解企业融资约束问题所起的所用越小。

表 5.7　法制水平、银行监督与融资约束

被解释变量：CH_1 / 自变量	法制水平(LAW)高		法制水平(LAW)低	
	系数	T 值	系数	T 值
C	-0.1199**	-2.3046	-0.2362***	-3.5471
CF	0.3011***	7.7783	0.3113***	6.6021
BM	0.0103	0.5674	0.0682***	3.3324
$CF \times BM$	-0.3938**	-2.5109	-0.5162***	-2.8101
$SIZE$	0.0055**	2.3509	0.0106***	3.4408
TBQ	0.0011	0.3569	0.0002	0.0519
STD	0.3619***	26.2422	0.3714***	23.2524
NWC	0.0339***	2.6536	0.0774***	5.4067
EXP	-0.2315***	-7.3534	-0.2335***	-7.0952
$YEAR$	控制		控制	
IND	控制		控制	
N	3555		3556	
F	27.5793		27.6704	
Adjusted R^2	0.2374		0.2401	

注：*、**、***分别表示10%、5%、1%显著性水平。

5.3.2　稳健性检验

为提高研究结果的可靠性，以下部分所用模型为，将模型(5.1)中的因变量现金持有 CH_1 替换为[①]CH_2，对上述结果进行稳健性检验并分别进行回归分析。

---

① 其中CH_1为现金和有价证券当年增加额除以前一年度的总资产，而CH_2为现金及现金等价物当年增加额除以前一年度的总资产。

1.银行监督对融资约束的影响稳健性分析

表 5.8 为在模型(5.1)中，将现金持有的替代变量由 CH_1 换为 CH_2，对银行监督与企业融资约束之间的关系做进一步检验，并给出了稳健性检验的结果。从表 5.8 的结果可以看出，现金流与银行监督的交叉项系数为-0.3479 且在 1%显著性水平上显著，说明就我国上市公司而言，银行监督对融资约束问题具有较明显的缓解作用，这与用 CH_1 作为因变量的回归结果一致。稳健性回归得出的结果依然支持本章假设 1 的内容，即银行监督能有效缓解企业的融资约束问题。

表 5.8　银行监督与融资约束稳健性检验

自变量	因变量：CH_2	
	系数	T 值
C	-0.0751***	-2.7890
CF	0.4289***	20.9882
BM	0.0394***	4.3243
$CF \times BM$	-0.3497***	-4.4415
$SIZE$	0.0032***	2.6201
TBQ	-0.0008	-0.4989
STD	0.1621***	22.4143
NWC	-0.0096	-1.5216
EXP	-0.2632***	-16.8171
$YEAR$	控制	
IND	控制	
N	7111	
F	48.3685	
Adjusted R^2	0.1934	

注：*、**、***分别表示 10%、5%、1%显著性水平。

2.不同合约制度下银行监督对企业融资约束的影响稳健性分析

表 5.9 为市场化程度、银行监督与融资约束稳健性检验的结果。表中数据显示，就现金对现金流的敏感度而言，市场化程度高的地区敏感度更小，说明市场化程度高的地区，企业的融资约束更小。此外，市场化程度高组中，现金流与银行监督的交叉项系数为-0.2484 且在 5%显著性水平上显著，而市场化程度低组中，该项系数为-0.4543 且在 1%显著性水平上显著，该回归结果与表 5.5

的结果一致，稳健性回归得出的结果依然支持本章假设 2 的结论，即市场化程度越高(合约制度越好)，融资约束越小，且银行监督对于缓解企业融资约束问题所起的作用也越小。

表 5.9　市场化程度、银行监督与融资约束稳健性检验

被解释变量: CH_2 自变量	市场化程度(MAR)高		市场化程度(MAR)低	
	系数	T 值	系数	T 值
C	-0.0743*	-1.7031	-0.0826***	-2.3674
CF	0.4139***	13.6843	0.4263***	16.0902
BM	0.0605***	4.4475	0.0203	1.6349
CF×BM	-0.2484***	-2.0710	-0.4543***	-4.3792
SIZE	0.0031	1.5511	0.0038**	2.4235
TBQ	-0.0013	-0.5639	-0.0005	-0.2295
STD	0.1760***	16.0357	0.1475***	15.4292
NWC	0.0036	0.3780	-0.0240***	-2.8495
EXP	-0.2648***	-11.6302	-0.2674***	-12.3192
YEAR	控制		控制	
IND	控制		控制	
N	3551		3560	
F	26.1676		26.0187	
Adjusted R^2	0.1938		0.1933	

注: *、**、***分别表示 10%、5%、1%显著性水平。

表 5.10 为政府干预、银行监督与融资约束稳健性检验的结果。由表 5.10 可知，政府干预弱组中，现金流与银行监督的交叉项系数为-0.2169 且在 10%显著性水平上显著，政府干预强组中，该项系数为-0.4263 且在 1%显著性水平上显著。此外，政府干预弱的地区现金对现金流的敏感度更小，说明政府干预弱的地区，企业的融资约束更小。该回归结果与表 5.6 的结果一致，稳健性回归得出的结果进一步支持了本章假设 2 的结论，即政府干预越弱(合约制度越好)，融资约束越小，且银行监督对于缓解企业融资约束问题所起的作用也越小。

表 5.10　政府干预、银行监督与融资约束稳健性检验

被解释变量: CH_2 自变量	政府干预(GOV)弱		政府干预(GOV)强	
	系数	T 值	系数	T 值
C	-0.1562***	-3.8454	-0.0249	-0.4735
CF	0.3696***	11.5444	0.4866***	12.5553
BM	0.0174	1.2182	0.0677**	4.1088

自变量 \ 被解释变量：CH_2	政府干预(GOV)弱		政府干预(GOV)强	
	系数	T 值	系数	T 值
$CF×BM$	-0.2169*	-1.7529	-0.4263***	-2.9197
$SIZE$	0.0070***	3.8412	0.0002	0.0686
TBQ	-0.0002	-0.0773	-0.0001	-0.0317
STD	0.1526***	14.1296	0.1842***	14.4273
NWC	-0.0068	-0.6854	-0.0010	-0.0862
EXP	-0.2575***	-10.8063	-0.2543***	-9.3312
$YEAR$	控制		控制	
IND	控制		控制	
N	3531		3580	
F	18.8560		20.0284	
Adjusted R^2	0.1844		0.1869	

注：*、**、***分别表示10%、5%、1%显著性水平。

　　表 5.11 为市场中介的组织发育和法律制度环境、银行监督与融资约束稳健性检验的结果。从表 5.11 可以看出，法制水平高组中，现金流与银行监督的交叉项系数为-0.3399 且在 5%显著性水平上显著，而法制水平低组中，该项系数为-0.4230 且在 1%显著性水平上显著。此外，与法制水平低的地区相比，法制水平高的地区，现金对现金流的敏感度更小且显著性也存在差异，说明法制水平高的地区，企业的融资约束更小。该回归结果与表 5.7 的结果一致，稳健性检验得出的结果同样支持本章假设 2 的结论，即法制水平越高(合约制度越好)，融资约束越小，且银行监督对于缓解企业融资约束问题所起的作用也越小。

表 5.11　法制水平、银行监督与融资约束稳健性检验

自变量 \ 被解释变量：CH_2	法制水平(LAW)高		法制水平(LAW)低	
	系数	T 值	系数	T 值
C	-0.2139***	-5.0034	-0.0973**	-2.2379
CF	0.0374*	1.1111	0.5213***	16.9612
BM	0.0335***	-2.2041	0.1251***	10.5506
$CF×BM$	-0.3399**	-2.5693	-0.4230***	-4.3478
$SIZE$	0.0106***	5.4377	0.0034*	1.6999
TBQ	0.0006	0.2505	0.0002	0.0808
STD	0.0198	1.6268	0.1388***	12.3642
NWC	0.0237**	2.2224	0.0239***	2.5880

续表

自变量　　　　　　被解释变量：CH_2	法制水平(LAW)高		法制水平(LAW)低	
	系数	T 值	系数	T 值
EXP	0.0086	-0.3022	-0.2876^{***}	-12.7242
$YEAR$	控制		控制	
IND	控制		控制	
N	3555		3556	
F	3.1900		3.3299	
Adjusted R^2	0.0179		0.0277	

注：*、**、***分别表示 10%、5%、1%显著性水平。

5.4　本　章　小　结

本章通过检验银行监督与企业融资约束之间的关系及合约制度、银行监督与企业融资约束之间的关系，探讨了我国上市公司银行监督对企业融资约束的影响及不同合约制度下银行监督对企业融资约束的影响。为验证本章提出的两个假设，选取了 1998—2009 年我国上市公司数据和地区合约制度环境数据，利用计量模型对第 3 章理论分析的结果进行实证检验，并得出与理论研究一致的结论，回归结果如下：

(1)银行监督对于缓解企业融资约束问题起到极显著的作用。

(2)合约制度变好可以缓解企业的融资约束问题，即市场化程度越高、政府干预程度越低或市场中介的组织发育和法律制度环境越好的地区，企业的融资约束越小；合约制度越好的地区，银行监督对缓解企业融资约束问题所起的作用越小。

第6章 研究总结

本章对全文的研究进行总结，内容包括主要结论和研究展望两个部分。主要结论部分对前文理论研究和实证研究的重要结论做了提炼；研究展望部分则考虑了本书的不足之处，并在此基础上提出进一步研究的方向。

6.1 主要结论

本书利用非对称信息的外部融资分析框架，构建了包含合约制度、银行监督与企业融资约束的最优化模型，从企业的信贷可得性及借款能力两个方面深入分析了合约制度对企业融资约束的影响、不同合约制度下银行监督对企业融资约束的影响、合约制度与银行监督对缓解企业融资约束问题的替代效应 3 个问题。针对理论分析得出的结论，本书利用我国市场化指数及上市公司财务数据对理论模型进行实证检验。主要结论如下。

(1)合约制度与融资约束。①由于合约制度较好时，融资成功的充要条件不变，但合约制度差时，合约不能完全实施将影响契约的存在性和借贷双方的名义索取权。因此，当合约不完全实施时，企业家为了获得外部融资必须向外部投资者做出巨大的让步，且企业家的资金实力越弱，向投资者做出的让步越大。对于资金实力相同的企业家，合约制度变好可以减少企业家向监督者做出的让步。②从企业做出投资决策之前的事前阶段来看，差的合约制度将对资金实力处于中间的企业家产生逐出效应。因此，合约制度由差变好对资金实力非常薄弱或资金实力雄厚的企业家没有任何影响，而对于资金实力较弱的企业家，好的合约制度使其更容易获得银行信贷，减小其融资约束，从而获得正效应。③不考虑银行监督时，企业家的借款能力随着合约制度变好而增强，其面临的融资约束随着合约制度变好而减小；当合约制度好到一定程度以后，企业家的借款能力与合约制度无关，此时合约制度不影响企业的融资约束。

(2)不同合约制度下银行监督与融资约束。①从企业的信贷可得性来看，在相同的合约制度下，与无监督融资相比，银行监督有利于资金实力弱的企业家获得融资，从而缓解企业的融资约束问题，而且银行的监督力度越大，企业的融资约束越小。从企业家的借款能力来看，在合约制度不差的情况下，银行监督力度越大，企业家的借款能力越强，融资约束越小。②若合约制度差，则除资金实力非常强的企业家外，其余企业家将很难获得无监督融资；由于监督成本的原因，所有企业家都将无法获得银行监督融资，此时企业面临的融资约束问题最大。随着合约制度变好，企业家的信贷可得性大幅提高，融资约束逐渐减小；当合约制度变好到一定程度后，企业家的融资及福利均与合约制度无关。③当合约制度差时，由于监督需要成本，而监督成本最终由企业家承担，因此银行监督反而会减弱企业家的借款能力并降低企业家福利，此时企业家更倾向于无监督融资，若合约制度特别差，则银行监督将使企业家丧失借款能力，从而使企业面临严重的融资约束问题。当合约制度好到一定程度后，与无监督融资相比，银行监督能增强企业家的借款能力，从而缓解企业的融资约束问题，企业家效用水平也大幅度提高。④当合约制度好时，银行监督对于缓解企业融资约束问题所起的作用不受合约制度的影响；当合约制度处于中间时，银行监督对于缓解企业融资约束问题所起的作用随着合约制度变好而减小。

(3)实证检验的结果。①我国上市公司普遍面临着较为严重的融资约束，而银行监督能有效缓解企业的融资约束问题。②合约制度越好（市场化程度越高、政府干预越弱、法制水平越高），企业面临的融资约束越小，而且银行监督对于缓解企业融资约束问题所起的作用也越小。

6.2　启　　示

本书在 Holmström 和 Tirole(1997) 及 Pagano 和 Roll(1998) 研究的基础上，引入了金融市场的一个重要影响因素——合约制度，构建了包含合约制度、银行监督与融资约束的理论模型，并对所得结论加以实证检验。虽然本书从合约不完全实施的视角出发，从理论上回答了企业融资约束中的两个最重要问题：企业是否能筹措到资金？企业能筹到多大额度的资金？但是，合约制度是一个极其复杂的因素，在我国这样复杂的制度背景下，利用严谨的理论将银行监督对企业融资约束的影响机理分析清楚显然是个不小的挑战。限于时间与精力，本书的研究终究还存在一些不足之处，希望有更多的后续研究从以下几个方面进一步完善本书的研究。

(1)理论研究部分。首先，本书的部分假设条件较为严格，如"企业家、银行和普通投资者都是风险中性的"、"企业家具有讨价还价的能力"、"投资者市场是完全竞争的"等，后续研究可考虑放松这些假设条件，使模型更符合中国的现实情况，同时体现出我国合约制度的特殊性。其次，在考虑企业家的借款能力与融资约束的过程中，本书的理论模型只对规模报酬不变的情形加以讨论，后续研究可继续讨论规模报酬递减的情形，使理论分析更全面。最后，企业融资约束的影响因素较多，如企业的信誉、小额信贷的发展等，限于主题及篇幅，本书并未考虑这些因素，后续研究可对这些影响因素进行建模分析。

(2)实证研究方面。本书以理论研究为主，实证研究为辅。首先，苦于数据的可得性，本书所使用的数据样本区间为1998—2009年，在条件允许的情况下后续研究可将样本区间扩大，进一步做深入系统的实证分析，用最新的数据考察各因素间的关系，以提高研究结论的可靠性。其次，就合约制度而言，实证分析中合约制度相关数据无法与理论研究中合约制度的3个层级完美衔接。从检验结果来看，我国的合约制度既没有好到不影响借贷关系的层次，也没有差到让绝大部分企业无法获得银行信贷的局面，因此合约制度虽然地区差异较大，但基本都属于理论分析中"合约制度处于中间"的情况。后续研究可尝使用适当的方法将合约制度相关数据细分，使之与理论研究更吻合，也更能体现出我国合约制度的特殊性。最后，若实证检验时能使用创业板上市公司数据，将与理论中的企业更吻合，或许结论也更符合中国现实。

参 考 文 献

蔡晓钰, 陈忠, 吴圣佳. 2005. 控制我国银行业中道德风险的随机监督策略——一个博弈分析框架. 中国软科学, 2: 66-72.

陈耿, 周军. 2004. 企业债务融资结构研究——一个基于代理成本的理论分析. 财经研究, 30(2): 58-65.

程小可, 杨程程, 姚立杰. 2013. 内部控制、银企关联与融资约束——来自中国上市公司的经验证据. 审计研究, 5: 80-86.

初海英, 王海霞, 王小凤. 2014. 银行监督的动态治理效应分析——基于中国上市公司的经验证据. 会计与经济研究, 28(3): 104-112.

代光伦, 邓建平, 曾勇. 2012. 金融发展、政府控制与融资约束. 管理评论, 24(5): 21-29.

戴璐, 汤谷良. 2007. 长期"双高"现象之谜: 债务融资, 制度环境与大股东特征的影响——基于上海科技与东盛科技的案例分析. 管理世界, 8: 129-139.

邓建平, 曾勇. 2011. 金融关联能否缓解民营企业的融资约束. 金融研究, 8: 78-92.

邓可斌, 曾海舰. 2014. 中国企业的融资约束: 特征现象与成因检验. 经济研究, 49(2): 47-60.

邓莉, 张宗益, 李宏胜. 2007. 银行债权的公司治理效应研究——来自中国上市公司的经验证据. 金融研究, 1: 61-70.

邓莉, 张宗益, 李宏胜, 等, 2008. 银行在公司控制权市场中的作用研究. 金融研究, 1: 88-99.

杜建华. 2013. 金融业竞争、债权人保护与公司长期债务融资. 上海金融, 12: 10-14.

樊纲, 王小鲁, 朱恒鹏. 2004. 中国市场化指数——各省区市场化相对进程报告. 北京: 经济科学出版社.

樊纲, 王小鲁, 朱恒鹏. 2011. 中国市场化指数——各地区市场化相对进程 2011 年报告. 北京: 经济科学出版社.

范从来, 叶宗伟. 2004. 上市公司债务融资、公司治理与公司绩效. 经济理论与经济管理, 10: 50-53.

方军雄. 2007. 所有制、制度环境与信贷资金配置. 经济研究, 12: 82-92.

高雷, 何少华, 黄志忠. 2006. 公司治理与掏空. 经济学, 5(4): 1157-1178.

洪怡恬, 陈金龙. 2014. 银企和政企关系, 行业差异与融资约束. 会计之友, 13: 48-55.

胡奕明, 谢诗蕾. 2005. 银行监督效应与贷款定价——来自上市公司的一项经验研究. 管理世界, 5: 27-36.

胡奕明, 周伟. 2006. 债权人监督: 贷款政策与企业财务状况. 金融研究, 4: 49-60.

胡奕明, 林文雄, 李思琦, 等. 2008. 大贷款人角色: 我国银行具有监督作用吗. 经济研究, 10: 52-64.

江伟, 李斌. 2006. 制度环境, 国有产权与银行差别贷款. 金融研究, 11: 116-126.

姜付秀, 伊志宏, 苏飞, 等. 2009. 管理者背景特征与企业过度投资行为. 管理世界, 1: 130-139.

蒋琰. 2009. 权益成本, 债务成本与公司治理: 影响差异性研究. 管理世界, 11: 144-155.

金雪军, 张学勇. 2005. 银行监管与中国上市公司代理成本研究. 金融研究, 10: 110-119.

雷强. 2010. 上市公司盈余管理的银行监督效应研究: 理论与实证. 上海: 上海交通大学.

雷英. 2007. 银行监督与公司治理——中国非金融类上市公司经验证据. 上海: 华东理工大学出版社.

黎凯, 叶建芳. 2007. 财政分权下政府干预对债务融资的影响——基于转轨经济制度背景的实证分析. 管理世界, 8: 23-34.

李金, 李仕明, 严整. 2007. 融资约束与现金—现金流敏感度——来自国内 A 股上市公司的经验证据. 管理评论, 19(3): 53-57.

李科, 徐龙炳. 2011. 融资约束、债务能力与公司业绩. 经济研究, 5: 61-73.

连玉君, 程建. 2007. 投资—现金流敏感性: 融资约束还是代理成本. 财经研究, 33(2): 37-46.

连玉君, 苏治, 丁志国. 2008. 现金—现金流敏感性能检验融资约束假说吗. 统计研究, 25(10): 92-99.

连玉君, 彭方平, 苏治. 2010. 融资约束与流动性管理行为. 金融研究, 10: 158-171.

梁权熙, 田存志, 詹学斯. 2012. 宏观经济不确定性、融资约束与企业现金持有行为——来自中国上市公司的经验证据. 南方经济, 4: 3-16.

刘凤委, 李琦. 2013. 市场竞争, EVA 评价与企业过度投资. 会计研究, 2: 54-62.

刘锡良, 郭斌. 2004. 信息不对称与企业债务融资方式选择. 经济学家, 4: 97-103.

龙建辉. 2011. 银行监督与公司治理绩效——基于中国地产上市公司的实证检验. 杭州: 浙江大学.

陆贤伟, 王建琼, 董大勇. 2013. 董事网络、信息传递与债务融资成本. 管理科学, 26(3): 55-64.

罗党论, 甄丽明. 2008. 民营控制、政治关系与企业融资约束——基于中国民营上市公司的经验证据. 金融研究, 12: 164-178.

雒敏. 2011. 国家控制、债务融资与大股东利益侵占——基于沪深两市上市公司的经验证据. 山西财经大学学报, 33(3): 107-115.

梅丹. 2006. 上市公司固定资产投资规模影响因素. 证券市场导报, 9: 56-60.

倪铮, 魏山巍. 2006. 关于我国公司债务融资的实证研究. 金融研究, 8: 20-30.

倪铮, 张春. 2007. 银行监督、企业社会性成本与贷款融资体系. 数量经济技术经济研究, 1: 66-76.

潘敏. 2002. 资本结构, 金融契约与公司治理. 北京: 中国金融出版社.

青木昌彦, 钱颖一. 1995. 转轨经济中的公司治理结构: 内部人控制和银行的作用. 北京: 中国经济出版社.

屈文洲, 谢雅璐, 叶玉妹. 2011. 信息不对称、融资约束与投资—现金流敏感性——基于市场微观结构理论的实证研究. 经济研究, 6: 105-117.

饶华春. 2009. 中国金融发展与企业融资约束的缓解——基于系统广义矩估计的动态面板数据分析. 金融研究, 9: 156-164.

茹玉骢, 金祥荣, 张利风. 2010. 合约实施效率、外资产业特征及其区位选择. 管理世界, 8: 90-101.

沈红波, 张春, 陈欣. 2007. 中国上市公司银行贷款公告的信息含量——自由现金流量假说还是优序融资假说. 金融研究, 12: 154-164.

沈红波, 张广婷, 阎竣. 2013. 银行贷款监督、政府干预与自由现金流约束——基于中国上市公司的经验证据. 中国工业经济, 5: 96-108.

沈艺峰, 肖珉, 林涛. 2009. 投资者保护与上市公司资本结构. 经济研究, 7: 131-142.

苏玲. 2012. 债权人监督与 ST 公司经理人代理成本. 北京工商大学学报(社会科学版), 27(3): 74-79.

孙铮, 刘凤委, 李增泉. 2005. 市场化程度、政府干预与企业债务期限结构——来自我国上市公司的经验证据. 经济研究, 5: 52-63.

田侃, 李泽广, 陈宇峰. 2010. "次优"债务契约的治理绩效研究. 经济研究, 8: 90-102.

田利辉. 2004. 杠杆治理, 预算软约束和中国上市公司绩效. 经济学(季刊), 3: 15-26.

田利辉. 2005a. 制度变迁、银企关系和扭曲的杠杆治理. 经济学(季刊), 1: 119-134.

田利辉. 2005b. 国有产权、预算软约束和中国上市公司杠杆治理. 管理世界, 7: 123-128.

田原. 2013. 激励性金融合约设计、金融发展与企业融资约束的关系研究. 武汉: 华中科技大学.

汪辉. 2003. 上市公司债务融资、公司治理与市场价值. 经济研究, 8: 28-35.

汪君. 2013. 银行监督与上市公司盈余管理——基于博弈论的分析. 时代金融, 6: 255-256.

王海霞, 裴淑红. 2013. 经理人代理成本、银行监督与制度环境. 财会通讯, 9: 105-108.

王满四, 邵国良. 2012. 银行债权对经理层的监督效应研究——对股权分置改革以来广东上市公司的研究. 中国软科学, 10: 125-137.

王满四, 任梦, 邵国良. 2014. 银行债权监督与公司内部治理——研究综述. 工业技术经济, 6: 145-152.

王鹏. 2008. 投资者保护、代理成本与公司绩效. 经济研究, 2: 68-82.

王善平, 李志军. 2011. 银行持股、投资效率与公司债务融资. 金融研究, 5: 184-193.

王少飞, 孙铮, 张旭. 2009. 审计意见、制度环境与融资约束——来自我国上市公司的实证分析. 审计研究, 2: 63-72.

王芸, 胡旭微, 张琛. 2013. 银行监督与企业财务风险. 经济与管理, 6: 84-86.

魏志华, 曾爱民, 李博. 2014. 金融生态环境与企业融资约束——基于中国上市公司的实证研究. 会计研究, 5: 73-80.

武建强. 2004. 对商业银行委托监督机制的经济学分析. 上海金融, 6: 35-37.

肖作平, 廖理. 2012. 终极控制股东、法律环境与融资结构选择. 管理科学学报, 15(9): 84-96.

徐强胜, 李中红. 2001. 论银行在公司治理结构下的法律地位. 金融研究, 8: 80-89.

徐昕, 沈红波. 2010. 银行贷款的监督效应与盈余稳健性——来自中国上市公司的经验证据. 金融研究, 2: 102-111.

徐玉德, 李挺伟, 洪金明. 2011. 制度环境、信息披露质量与银行债务融资约束——来自深市A股上市公司的经验证据. 财贸经济, 5: 51-57.

杨兴全. 2002. 我国上市公司融资结构的治理效应分析. 会计研究, 8: 37-45.

杨兴全, 郑军. 2004. 基于代理成本的企业债务融资契约安排研究. 会计研究, 7: 61-66.

姚耀军, 董钢锋. 2014. 中小银行发展与中小企业融资约束——新结构经济学最优金融结构理论视角下的经验研究. 财经研究, 40(1): 105-115.

叶康涛, 张然, 徐浩萍. 2010. 声誉、制度环境与债务融资——基于中国民营上市公司的证据. 金融研究, 8: 171-183.

于蔚, 汪淼军, 金祥荣. 2012. 政治关联和融资约束: 信息效应与资源效应. 经济研究, 9: 125-139.

余明桂, 潘红波. 2008. 政治关系, 制度环境与民营企业银行贷款. 管理世界, 8: 9-21.

余明桂, 回雅甫, 潘红波. 2010. 政治联系, 寻租与地方政府财政补贴有效性. 经济研究, 45(3): 65-77.

张纯, 吕伟. 2007. 机构投资者、终极产权与融资约束. 管理世界, 11: 119-126.

张健华, 王鹏. 2012. 银行风险、贷款规模与法律保护水平. 经济研究, 5: 18-30.

张杰, 刘志彪. 2008. 合约实施对国际贸易影响研究评述. 经济学动态, 10: 121-125.

张敏, 李延喜. 2013. 制度环境对融资方式选择的影响研究——基于地区差异视角的实证分析. 当代经济科学, 35(4): 42-52.

张兆国, 曾牧, 刘永丽. 2011. 政治关系、债务融资与企业投资行为——来自我国上市公司的经验证据. 中国软科学, 5: 106-121.

章晓霞, 吴冲锋. 2006. 融资约束影响我国上市公司的现金持有政策吗?——来自现金—现金流敏感度的分析. 管理评论, 18(10): 59-62.

郑江淮, 何旭强, 王华. 2001. 上市公司投资的融资约束: 从股权结构角度的实证分析. 金融研究, 11(1): 92-99.

周伟, 谢诗蕾. 2007. 中国上市公司持有高额现金的原因. 世界经济, 3: 67-74.

周延军. 1992. 西方经济理论. 北京: 中信出版社.

朱俊峰, 张长海. 2006. 银行间竞争对银行监督企业的影响. 技术经济与管理研究, 1: 31-32.

朱凯, 陈信元. 2009. 金融发展、审计意见与上市公司融资约束. 金融研究, 7: 66-79.

Acemoglu D, Johnson S, Robinson J A. 2001. Reversal of fortune: Geography and institutions in the making of the modern world income distribution. National Bureau of Economic Research.

Acemoglu D, Johnson S. 2003. Unbundling institutions. National Bureau of Economic Research.

Aghion P, Hermalin B. 1990. Legal restrictions on private contracts can enhance efficiency. Journal of Law, Economics, and Organization, 6(2): 381-409.

Aghion P, Tirole J. 1997. Formal and real authority in organizations. The Journal of Political Economy, 105(1): 1-29.

Ahmad R, Kareem S D, Mautin O D, et al. 2015. Dynamic relationship between debt and cash flow in pecking order theory: evidence from panel GMM. Journal of Marketing and Consumer Research, 6: 30-38.

Ahn S, Choi W. 2009. The role of bank monitoring in corporate governance: evidence from borrowers' earnings management behavior. Journal of Banking and Finance, 33(2): 425-434.

Allen F, Gale D. 1997. Financial markets, intermediaries, and intertemporal smoothing. Journal of Political Economy, 105(3): 523-546.

Allen F, Santomero A M. 2001. What do financial intermediaries do. Journal of Banking and Finance, 25(2): 271-294.

Allen F, Santomero A M. 1998. The theory of finaneial intermediation. Jonurnal of Banking and Fiance, 21: 1461-1485.

Almeida H. Campello M, Weisbach M S. 2004. The cash flow sensitivity of cash. The Journal of Finance, 59(4): 1777-1804.

Alti A. 2003. How sensitive is investment to cash flow when financing is frictionless. The Journal of Finance, 58(2): 707-722.

Arrow K. 1970. Essays in the theory of risk bearing. London: North-Holland.

Ascioglu A, Hegde S P, Mcdermott J B. 2008. Information asymmetry and investment-cash flow sensitivity. Journal of Banking and Finance, 32(6): 1036-1048.

Beck T. A Demirguc-Kunt, V Maksimovic. 2008. Financing patterns around the world: Are small firms different?. Journal of Financial Economics, 89(3): 467-487.

Bensten G J, Smith C W. 1976. A transactions cost apporach to the theory of financial intermediation. Journal of Fiance, 31: 215-231.

Bernanke B, Gertler M. 1989. Agency costs, net worth and business fluctutions. American Economic Review, 79: 14-31.

Bester H, Hellwig M F, 1987. Moral hazard and equilibrium credit rationing: An overview of the issues. Heidelberg. Springer Berlin.

Bolton P, Chen H, Wang N. 2011. A unified theory of Tobin's q, corporate investment, financing, and risk management. The Journal of Finance, 66(5): 1545-1578.

Bolton P, Rosenthal H. 2002. Political intervention in debt contracts. Journal of Political Economy, 110(5): 1103-1134.

Booth L, Aivazian V, Demirguc-Kunt A, et al. 2001. Capital structures indeveloping countries. The Journal of Finance, 56(1): 87-130.

Boyd J H, Prescott E C. 1986. Financial intermediary-coalitions. Journal of Economic Theory, 38(2): 211-232.

Bryant J. 1980. A model of reserves, bank runs, and deposit insurance. Journal of Banking and Finance, 4(4): 335-344.

Byers S S, Fields L P, Fraser D R. 2008. Are corporate governance and bank monitoring substitutes: Evidence from the perceived value of bank loans. Journal of Corporate Finance, 14(4): 475-483.

Campbell T S, Kracaw W A. 1980. Information production, market signalling, and the theory of financial intermediation. Journal of Finance, 35(4): 863-682.

Campello M, Graham J R, Harvey C R. 2010. The real effects of financial constraints: Evidence from a financial crisis. Journal of Financial Economics, 97(3): 470-487.

Carletti E, Cerasi V, Daltung S. 2007. Multiple-bank lending: Diversification and free-riding in monitoring. Journal of Financial Intermediation, 16(3): 425-451.

Chant J. 1992. The new theory of financial intermediation. In Current issues in financial and monetary economics. Palgrave, London: 42-65.

Chen J J. 2004. Determinants of capital structure of Chinese-listed companies. Journal of Business Research, 57(12): 1341-1351.

Claessens S, Tzioumis K. 2006. Measuring firms' access to finance. World Bank.

Cleary S. 1999. The relationship between firm investment and financial status. The Journal of Finance, 54(2): 673-692.

Coase R H. 1937. The nature of the firm. Economica, 4(16): 386-405.

Coase R H. 1960. The problem of social cost. Journal of Law and Economics, 3: 1-44.

Cole R, Turk-Ariss R. 2008. Legal origin, creditor protection and bank risk-taking: evidence from emerging markets. Unpublished Working Paper. Chicago: DePaul University and Lebanese American University.

De Meza D, Webb D. 2000. Does credit rationing imply insufficient lending?. Journal of Public Economics, 78(3): 215-234.

Debreu G. 1959. Theory of value: An axiomatic analysis of economic equilibrium. New Haven: Yale University Press.

Degryse H A, Ongena S. 2001. Bank relationships and firm profitability. Financial Management, 30(1): 9-34.

Degryse H, De Jong A. 2006. Investment and internal finance: Asymmetric information or managerial discretion?. International Journal of Industrial Organization, 24(1): 125-147.

Demirguc-Kunt A, Maksimovic V. 1996. Stock market development and financing choices of firms. The World Bank Economic Review, 10(2): 341-369.

Demirguc-Kunt A, Maksimovic V. 1998. Law, finance, and firm growth. The Journal of Finance, 53(6): 2107-2137.

Diamond D W. 1984. Financial intermediation and delegated monitoring. The Review of Economic Studies, 51(3): 393-414.

Diamond D W. 1991. Monitoring and reputation: The choice between bank loansand directly placed debt. The Journal of Political Economy, 99(4): 689-721.

Diamond D W, Dybvig P H. 1983. Bank runs, deposit insurance, and liquidity. Journal of Political Economy, 91(3): 401-419.

Diamond D W, Dybvig P H. 1986. Banking theory, deposit insurance, and bank regulation. The Journal of Business, 59(1): 55-68.

Djankov S, McLiesh C, Shleifer A. 2007. Private credit in 129 countries. Journal of Financial Economics, 84(2): 299-329.

Djankov S, La Porta R, Lopez-de-Silanes F, et al. 2002. The regulation of entry. Quarterly Journal of Economics: 1-37.

Djankov S, Glaeser E, La Porta R, et al. 2003. The new comparative economics. Journal of Comparative Economics, 31(4): 595-619.

Elyasiani E, Jia J J, Mao C X. 2010. Institutional ownership stability and the cost of debt. Journal of Financial Markets, 13(4): 475-500.

Fama E F. 1980. Agency problems and the theory of the firm. The Journal of Political Economy, 88(2): 288-307.

Fama E F. 1985. What's different about banks?. Journal of Monetary Economics, 15(1): 29-39.

Fatoki O. 2014. External environmental factors impacting on access to debt finance by small and medium enterprises in South Africa. Mediterranean Journal of Social Sciences, 5(20): 1013-1019.

Fazzari S M, Athey M J. 1987. Asymmetric information, financing constraints, and investment. The Review of Economics and Statistics, 69(3): 481-487.

Fazzari S M, Petersen B C. 1993. Working capital and fixed investment: new evidenceon financing constraints. RAND Journal of Economics, 24(3): 328-342.

Fazzari S, Hubbard R G, Petersen B. 1988. Investment, financing decisions, and tax policy. The American Economic Review, 78(2): 200-205.

Fields L P, Fraser D R, Berry T L, et al. 2006. Do bank loan relationships still matter?. Journal of Money, Credit, and Banking, 38(5): 1195-1209.

Fisher I. 1930. Theory of interest: as determined by impatience to spend income and opportunity to invest it. Augustusm Kelly Publishers, Clifton.

Fisher I, William J. 1930. The theory of interest. The Economic Journal, 41(161).

Fok R C W, Chang Y C, Lee W T. 2004. Bank relationships and their effects on firm performance around the Asian financial crisis: Evidence from Taiwan. Financial Management, 33(2): 89-112.

Friedman M, Schwartz A. 1963. A monetary history of the united states: 1867—1960. Princeton. NJ: Princeton University Press.

Froot K A, Scharfstein D S, Stein J C. 1993. Risk management: Coordinating corporate investment and financing policies. The Journal of Finance, 48(5): 1629-1658.

Ghosh S. 2007. Bank monitoring, managerial ownership and Tobin's Q: an empirical analysis for India. Managerial and Decision Economics, 28(2): 129-143.

Giannetti M. 2003. Do better institutions mitigate agency problems? Evidence from corporate finance choices. Journal of Financial and Quantitative Analysis, 38(1): 185-212.

Gorton G, Pennacchi G. 1990. Financial intermediaries and liquidity creation. The Journal of Finance, 45(1): 49-71.

Gorton G, Schmid F A. 2000. Universal banking and the performance of German firms. Journal of Financial Economics, 58(1): 29-80.

Gorton G, Winton A. 2002. Financial intermediation. In the handbook of economics and finance, Edited by George Constantinides, Milton Harris and Rene Stulz.

Greenwald B C, Stiglitz J E, Weiss A. 1984. Informational imperfections in the capital market and macro-economic fluctuations. Information and Macroeconomics, 74(2): 194-199.

Grossman S J, Hart O D. 1982. Corporate Financial Structure and Managerial Incentives// McCall J. The Economics of Information and Uncertainty. Chicago: University of Chicago Press: 107-140.

Grossman S J, Hart O D. 1986. The costs and benefits of ownership: A theory of vertical and lateral integration. The Journal of Political Economy, 94(4): 691-719.

Gugler K. 2003. Corporate governance, dividend payout policy, and the interrelation between dividends, R&D, and capital investment. Journal of Banking and Finance, 27(7): 1297-1321.

Gurley J G, Shaw E S. 1956. Financial intermediaries and the saving-investment process. The Journal of Finance, 11(2): 257-276.

Gurley J G, Shaw E S, Enthoven A C. 1960. Money in a Theory of Finance. Washington, DC: Brookings Institution.

Hart O. 1995. Corporate governance: Some theory and implications. Economic Journal, 105(430): 678-689.

Hart O, Moore J. 1990. Property rights and the nature of the firm. Journal of Political Economy, 98(6): 1119-1158.

Heinkel R. 1982. A theory of capital structure relevance under imperfect information. The Journal of Finance, 37(5): 1141-1150.

Holmström B, Tirole J. 1997. Financial intermediation, loanable funds, and thereal sector. The Quarterly Journal of Economics, 112(3): 663-691.

Hoshi T, Kashyap A K, Scharfstein D. 1991. Corporate structure, liquidity, and investment: Evidence from Japanese Industrial Groups. The Quarterly Journal of Economics, 106(1): 33-60.

Houston J F, James C M, Ryngaert M D. 2001. Where do merger gains come from? Bank mergers from the perspective of insiders and outsiders. Journal of Financial Economics, 60(2): 285-331.

Hovakimian A, Opler T, Titman S. 2001. The debt-equity choice. Journal of Financial and Quantitative Analysis, 36(1): 1-24.

Huang W, Zhao S. 2006. When debt is bad news: Market reaction to debt announcements under poor governance. Working Paper, University of Toulouse.

Jaffee D M, Russell T. 1976. Imperfect information, uncertainty, and credit rationing. The Quarterly Journal of Economics, 90(4): 651-666.

James C. 1987. Some evidence on the uniqueness of bank loans: A comparison of bank borrowing, private placements, and public debt offerings. Journal of Financial Economics, 19: 217-235.

Jappelli T, Pagano M, Bianco M. 2005. Courts and banks: effect of judicial costson credit market performance. Journal of Money, Credit, and Banking, 37: 223-244.

Jensen M C. 1986. Agency cost of free cash flow, corporate finance, and takeovers. Corporate Finance, and Takeovers. American Economic Review, 76(2): 323-339.

Jensen M C. 1989. Eclipse of the public corporation. Social Science Electronic Publishing, 67(5): 61-74.

Jensen M C, Meckling W H. 1976. Theory of the firm: managerial behavior, agency costs, and ownership structure. Journal of Financial Economics, 3(4): 305-360.

Kane E J, Malkiel B G. 1965. Bank portfolio allocation, deposit variability, and the availability doctrine. The Quarterly Journal of Economics, 79(1): 113-134.

Kaplan S N, Zingales L. 1997. Do investment-cash flow sensitivities provide useful measures of financing constraints. The Quarterly Journal of Economics, 112(1): 169-215.

Khanna T, Palepu K. 1997. Why focused strategies may be wrong for emerging markets. Harvard Business Review, 75: 41-54.

Khurana I K. Martin X, Pereira R, 2006. Financial development and the cash-flow sensitivity of cash. Journal of Financial and Quantitative Analysis, 41(4): 787-808.

La Porta R, Lopez-de-Silanes F, Shleifer A, et al. 1998. Law and finance. Journal of Political Economy, 107: 1113-1155.

La Porta R, Lopez-de-Silanes F, Shleifer A, et al. 2000. Investor protection and corporate governance. Journal of Financial Economics, 58(1): 3-27.

Leland H E, Pyle O H. 1977. Informational asymmetries, finaucial structure, and financial intermediation. The Journal of Finance, 32(2): 371-387.

Lorca C, Sanchez-Ballesta J P, Garcia-Meca E. 2011. Board effectiveness and cost of debt. Journal of Business Ethics, 100(4): 613-631.

Love I. 2003. Financial development and financing constraints: International evidence from the structural investment model. Review of Financial Studies, 16(3): 765-791.

Lummer S L, McConnell J J. 1989. Further evidence on the bank lending process and the capital-market response to bank loan agreements. Journal of Financial Economics, 25(1): 99-122.

May A D. 2008. Corporate governance and the valve of bank monitoring. WorkingPaper, University of Oklahoma.

McKinnon R I. 1973. Money and Capital in Economic Development. Washington: Brookings Institution Press.

Merton R C. 1995. A functional perspective of financial intermediation. Financial Management, 24(2): 23-41.

Merton R C, Bodie Z. 1993. Deposit insurance reform: a functional approach. Carnegie-Rochester Conference Series on Public Policy. North-Holland, 38: 1-34.

Merton R C, Bodie Z. 1995. A conceptual framework for analyzing the financialsystem. The Global Financial System: A Functional Perspective: 3-31.

Mishkin F S. 1986. The Economics of Money, Banking and Financial Markets. New York: Harper Collins College Publishers.

Mitton T. 2008. Why have debt ratios increased for firms in emerging markets?. European Financial Management, 14(1): 127-151.

Modigliani F, Miller M H. 1958. The cost of capital, corporation finance and the theory of investment. The American Economic Review, 48(3): 261-297.

Modigliani F, Miller M H. 1963. Corporate income taxes and the cost of capital: acorrection. The American Economic Review, 53(3): 433-443.

Moyen N. 2004. Investment-cash flow sensitivities: Constrained versus unconstrained firms. The Journal of Finance, 59(5): 2061-2092.

Myers S C. 1984. The capital structure puzzle. The Journal of Finance, 39(3): 574-592.

Myers S C, Majluf N S. 1984. Corporate financing and investment decisions when firms have information that investors do not have. Journal of Financial Economics, 13(2): 187-221.

Nakamura L I, Roszbach K. 2013. Credit ratings and bank monitoring ability. Working Paper, (10-21): 1-47.

North D. 1981. Structure and Change in Economic History. New York: W. W. Norton.

North D C. 1990. Institutions, Institutional Change and Economic Performance. Cambridge: Cambridge University Press.

Oldfield G S, Santomero A M. 1997. Risk management in financial indtitutions. Sloan Management Review, 38(3): 33-46.

Opler T, Pinkowitz L, Stulz R, et al. 1999. The determinants and implications of corporate cash holdings. Journal of Financial Economics, 52(1): 3-46.

Pagano M, Roell A A. 1998. The choice of stock ownership structure: Agency costs, monitoring and the decision to go public. Quarterly Journal of Economics, 113(1): 187-225.

Pawlina G, Renneboog L. 2005. Is investment-cash flow sensitivity caused by agency costs or asymmetric information? evidence from the UK. European Financial Management, 11(4): 483-513.

Peng M W, Heath P S. 1996. The growth of the firm in planned economiesin transition: Institutions, organizations, and strategic choice. Academy of Management Review, 21(2): 492-528.

Poitevin M. 1989. Financial signalling and the "deep-pocket" argument. The RAND Journal of Economics, 20(1): 26-40.

Rajan R, Winton A. 1995. Covenants and collateral as incentives to monitor. The Journal of Finance, 50(4):

1113-1146.

Rajan R G. 1992. Insiders and outsiders: The choice between informed and arm's-length debt. The Journal of Finance, 47(4): 1367-1400.

Rajan R G, Zingales L. 1998. Financial dependence and growth. The American Economic Review, 88(3): 559-586.

Rajan R G, Zingales L. 2003. The great reversals: the politics of financial development in the twentieth century. Journal of Financial Economics, 69(1): 5-50.

Repullo R, Suarez J. 2000. Entrepreneurial moral hazard and bank monitoring: a model of the credit channel. European Economic Review, 44(10): 1931-1950.

Ross S B. 1977. On the mode of action of central stimulatory agents. Acta Pharmacologica Et Toxicologica, 41(4): 392-396.

Scholes M, Benston G J, Smith C W. 1976. A transactions cost approach to the theory of financial intermediation. The Journal of Finance, 31(2): 215-231.

Scholtens B, Wensveen D V. 2000. A critique on the theory of financial intermediation. Journal of Banking and Finance, 24: 1243-1251.

Shen C H. 2014. Pecking order, access to public debt market, and information asymmetry. International Review of Economics & Finance, 29: 291-306.

Shepherd J M, Tung F, Yoon A H. 2008. What else matters for corporate governance: The case of bank monitoring. Boston University Law Review, Forthcoming: 8-35.

Shleifer A, Vishny R W. 1997. A survey of corporate governance. The Journal of Finance, 52(2): 737-783.

Shvets J. 2013. Judicial institutions and firms' external finance: Evidence from russia. Journal of Law, Economics, and Organization, 29(4): 735-764.

Songini L, Gnan L. 2014. Family Involvement and Agency Cost Control Mechanismsin Family Small and Medium-Sized Enterprises. Journal of Small Business Management, 12(4): 23-31.

Stiglitz J E. 1985. Credit markets and the control of capital. Journal of Money, Credit and Banking, 17(2): 133-152.

Stiglitz J E, Weiss A. 1981. Credit rationing in markets with imperfect information. The American Economic Review, 71(3): 393-410.

Stiglitz J E, Weiss A M. 1983. Incentive effects of terminations: Applications to the credit and labor markets. American Economic Review, 73(5): 912-927.

Stulz R M. 1990. Managerial discretion and optimal financing policies. Journal of Financial Economics, 26(1): 3-27.

Tan J, Peng M W. 2003. Organizational slack and firm performance during economic transitions: Two studies from an emerging economy. Strategic Management Journal, 24(13): 1249-1263.

Tirole J. 2006. The Theory of Corporate Finance. Princeton: Princeton University Press.

Vashishtha R. 2014. The role of bank monitoring in borrowers' discretionary disclosure: Evidence from covenant violations. Journal of Accounting and Economics, 57(2): 176-195.

Von Thadden E L. 1995. Long-term contracts, short-term investment and monitoring. The Review of Economic Studies, 62(4): 557-575.

Wang C, Wang N, Yang J. 2012. A unified model of entrepreneurship dynamics. Journal of Financial Economics, 106(1): 1-23.

Whited T M. 1992. Debt, liquidity constraints, and corporate investment: Evidence from panel data. The Journal of Finance, 47(4): 1425-1460.

Whited T M, Wu G. 2006. Financial constraints risk. Review of Financial Studies, 19(2): 531-559.

Williamson O E. 1979. Transaction-cost economics: the governance of contractual relations. Journal of Law and Economics, 22(2): 233-261.

Williamson O E. 1985. The economic intstitutions of capitalism. New York: Simon and Schuster.

Williamson S D. 1987. Financial intermediation, business failures, and real business cycles. The Journal of Political Economy, 95(6): 1196-1216.